高校继续教育多样化路径研究

陈　玲◎著

文化发展出版社
Cultural Development Press
·北京·

图书在版编目（CIP）数据

高校继续教育多样化路径研究 / 陈玲著 . — 北京 ： 文化发展出版社，2023.10

ISBN 978-7-5142-4130-3

Ⅰ . ①高… Ⅱ . ①陈… Ⅲ . ①高等学校－继续教育－研究－中国 Ⅳ . ① G72

中国国家版本馆 CIP 数据核字 (2023) 第 208349 号

高校继续教育多样化路径研究

陈　玲　著

出 版 人：宋　娜

责任编辑：侯　娜　　　　责任校对：岳智勇

责任印制：邓辉明　　　　封面设计：守正文化

出版发行：文化发展出版社（北京市翠微路 2 号 邮编：100036）

网　　址：www.wenhuafazhan.com

经　　销：全国新华书店

印　　刷：天津和萱印刷有限公司

开　　本：710mm × 1000mm　1/16

字　　数：206 千字

印　　张：11.5

版　　次：2024 年 3 月第 1 版

印　　次：2024 年 3 月第 1 次印刷

定　　价：72.00 元

I S B N：978-7-5142-4130-3

作者简介

陈玲，女，1981 年 10 月出生，广东省河源人，毕业于武汉理工大学，硕士研究生学历，现任广东轻工职业技术学院继续教育学院党政办公室主任，助理研究员。研究方向为继续教育、职业培训管理及研究。主持国家级软件著作权 7 项，主持广东省教育厅科研项目 2 项、广州市哲学社会科学项目 1 项、广东省各教指委或省级学会教改项目 4 项、校级课题 7 项，参与多项省级校级相关课题并有系列相关研究成果，并公开发表多篇学术论文（其中 SSCI 核心论文 1 篇）。

前　言

当前，我国高校继续教育面临着新的形势和挑战，随着企业大学的迅猛发展和职业教育集团的崛起，高校继续教育的发展空间受到了冲击，而在线教育的蓬勃发展和继续教育的融合趋势则在推动高校继续教育转型升级。继续教育作为终身教育体系的一部分，其主要功能在于为学习者提供知识更新与提升的机会。继续教育作为学校教育之后的一种教育形式，不仅是终身学习体系的重要组成部分，更是贯彻立德树人这一根本任务的重要措施。高校继续教育对实现国家战略使命具有不可替代的作用。随着社会经济的转型和普通高等教育大众化的推进，高校继续教育工作的创新与发展已成为备受瞩目的议题，迫切需要推动高校继续教育的持续进步、转型和创新。

社会的进步需要人的不断发展与之相适应。终身教育和终身学习是社会发展的需要。为顺应国家发展战略，建设终身教育体系已成为高校继续教育的必然选择。因此，在我国应用型高校建设和高等教育大众化背景下，高校继续教育应该加强其应用属性，注重人的全面发展及职业能力的培养。另外，伴随我国经济和社会的高度发展，高校继续教育必须作出新的改变。为了激发高校继续教育的发展活力，实现高质量发展，高校继续教育应从多方面入手，优化管理，进而提升质量和效率。

本书第一章为继续教育概述，主要阐述继续教育的概念、我国继续教育的产生、继续教育理论的确立和继续教育的重要性研究；第二章为我国高校继续教育发展现状分析，主要阐述我国高校学历继续教育发展现状分析、京津冀地区高校学历继续教育发展比较分析、新常态下我国高校学历继续教育发展面临的问题、高等学校非学历教育发展现状及问题；第三章为高校继续教育综合转型研究，主要包括高校继续教育转型的理论基础、高校继续教育转型影响力场分析、高校继续教育改革必要性、高校继续教育转型的目标取向和原则和高校继续教育转型的路径；第四章为高校继续教育的信息化建设，主要阐述移动微型学习模式、翻转课堂学习模式、校企共建共享课程资源以及信息化助推继续教育改革发展；第五章为高校继续教育的质量管理建设，主要阐述高校继续教育全面质量管理的重要性分析、高校继续教育全面质量管理的要点与因素、高校继续教育教学质量管理体系的优化和高校继续教育教学质量管理的对策研究；第六章为高校继续教育在“互联网 +”背景下的改革发展，主要阐述“互联网 +”概念的由来与内涵、“互联网 +”为继续教育发展带来的机遇与挑战、MOOC 为继续教育发展带来的新变革以及“互联网 +”背景下继续教育体系的构建。

在撰写本书的过程中，笔者得到了许多专家学者的帮助和指导，参考了大量的学术文献，在此表示真诚的感谢。由于作者水平有限，书中难免会有疏漏之处，希望广大同行及时指正。

陈玲

2023 年 3 月

目录

第一章　继续教育概述

继续教育是我国终身教育体系的重要组成部分，对推动国家经济发展、提高人口素质具有重要作用。我国继续教育规模不断扩大，教育体系逐渐改进，日益完善，办学格局多元化，为无数社会成员提供了学历补偿、技能培训和文化教育，从而有效地提高了劳动者素质和国民科学文化素养，为国家现代化建设提供了重要的支撑。本章主要是继续教育的概述，分别介绍了继续教育的概念、我国继续教育的产生、继续教育理论的确立和继续教育的重要性研究。

第一节　继续教育的概念

一、继续教育的提出

自 20 世纪 60 年代起，继续教育在英美两国迅速兴起，成为一种蓬勃发展的教育形式，其历史渊源可以追溯到“二战”前后。最初，美国提出的“继续工程教育”是一种针对已获得高等教育学历或学位，具备一定职业技能的在职专业技术人才，通过不断更新知识、提高技能的教育方式，为其未来职业发展奠定坚实基础的一种教育形式。随着时代的演进，继续教育的内涵与外延正在不断拓展，如今的继续教育已经不再是最初的简单工程教育，而是已经广泛应用于全社会的培训领域。

二、继续教育的界定

在不同的国家或组织中，对于继续教育的定义存在差异，因此不同的人会对其有不同的想法。在美国，继续教育是一种广泛的教育形式，它代表着成年人不断更新着自己的职业知识和技能，以适应不断变化的社会需求。

（一）继续教育在国外的界定

1974 年，联合国教科文组织在《职业技术教育术语》一书中规定了继续教育的概念，“继续教育是指那些已经脱离正规教育的、已参加工作的、能负起社会责任的成人所接受的各种各样的教育”。[①] 在日本，继续教育被视为一种深入学习和研究的教育形式，其教育方式多种多样，包括自我发展、业余学习、自主学习和在职培训等；它具有针对性强、灵活性大、适应性广的特点。在英国，继续教育是一种针对成年人的教育形式，其特点是在一段时间内暂停学习职业或综合性知识，以便更好地适应不断变化的社会需求。在法国，职业继续教育是指通过设立职业继续教育培训中心，为学员提供不断学习的机会，以适应不断变化的职业需求，并为他们的职业转型提供支持。各国对于继续教育的发展表现出了极为重视的态度，尽管因国情而异，但对于继续教育的理解却呈现出了独特的亮点，但其实质却始终如一。

（二）我国对继续教育的界定

在我国，目前相关学者对继续教育的概念没有形成一致的界定。叶忠海教授认为，继续教育的目标在于提升那些已经脱离正规教育社会成员的综合素质，特别是他们的创新能力，以培养出高素质的专业人才，从而直接有效地为社会主义现代化建设提供服务。

郝克明在《跨进学习社会的重要支柱——中国继续教育的发展》中对继续教育做了定义：继续教育是面向已脱离了学校（包括小学、初中、高中、大学）教育，进入社会的成员特别是成人的各种教育活动。[②]

在国内学者的研究中，继续教育的内涵呈现出错综复杂、千姿百态的特征，其研究领域也相当广泛。继续教育在各个领域下有独特的含义，且与其他概念有着密切关联。然而，无论学者对于继续教育的多样性程度有多高，都不难发现，他们对于继续教育的本质理解是一致的，具有一定的共性。

总的来看，继续教育是为那些已经脱离正规学校教育的人，无论是在职还是非在职的社会成人，提供的一种教育活动，其宗旨在于不断更新和补充知识，拓

① 杨智，孔祥平．成人教育与继续教育关系的重新审视 [J]．继续教育研究，2017（3）：54-57.
② 郝克明．跨进学习社会的重要支柱中国继续教育的发展 [M]．北京：高等教育出版社，2011.

宽视野，提高创新能力，这也是科学技术迅猛发展的必然结果。继续教育在当今社会已成为一种不可或缺的教育形式，发挥着重要作用。继续教育作为连接地方本科高校与区域社会的重要纽带，不仅是服务社会发展的重要窗口，更肩负着为社会培养人才的崇高使命。

第二节　我国继续教育的产生

一、我国继续教育思想萌芽阶段

随着科技的快速进步和知识更新周期的缩短，现代的继续教育已成为一种法律形式的教育手段，旨在为需要接受更高教育的劳动者提供相应的支持。

事实上，两千多年前，我国就出现了继续教育思想，这种思想的提出者是子夏，在其“学而优则仕，仕而优则学”中，子夏详细阐述了继续教育思想。子夏以“学”表示“初始教育”，以“仕”表示“继续教育”，此乃“理同而事异”矣。“仕”是继“学”之后的另一种学习，是“学”的延续和升华；而“学”则是“仕”的开始和基础。

在描述“仕”与“学”之间的联系时，子夏对教育的理解已经非常深刻，这种描述也体现出了他的大教育观，他将入职后的教育（继续教育）描述为“仕”，还将其放在自己的教育体系里。子夏的继续教育思想异常丰富，并有其鲜明特点，归纳起来，有以下三个方面。

（一）学习时间的连续性

在描述“学”与“仕”之间的联系时，子夏表示：学习这件事情在短时间内是不可能取得成功的，除了刚开始已经受到的教育，持续不断地学习也是必需的。无论你是为官从政，还是步入社会，都要利用业余时间继续学习。

（二）学习过程的阶段性

子夏将学习分为“学”与“仕”两个阶段，“学”是“仕”的基础，“仕”是“学”的延伸。“学”与“仕”构成了一个人的整个学习过程，二者结合，相辅相成，互为补充，能使人不断学到新知识、完善自己的知识结构、提高自身的实践能力。

（三）学习形式的多样性

从子夏的“仕而优则学，学而优则仕”中可以看出，他对不同的学习类型进行了归类处理，其中，不管是已经掌握的原始教育，还是后来受到的继续教育，子夏都将其中属于描述的知识部分叫作“学”，将具备程序性特点的知识叫作“仕”。

同样是“学”字，出现在不同句子中，其含义也是有区别的，如在“仕而优则学”中的“学”与“学而优则仕”中的学，二者不是等同的，第一个“学”表示自我修养，发生的场景是在接受继续教育；第二个“学”表示正式的学习，发生的场景是在接受原始教育。

“仕而优则学，学而优则仕”非常经典，子夏将继续教育的理念蕴含其中。从某种意义上说，它为后来继续教育的发展奠定了思想基础。

二、我国继续教育的探索阶段

（一）清末民初时期教育家思想家的继续教育探索阶段

1. 黄炎培的继续教育探索

作为我国近现代的教育家，黄炎培是一位民主主义者，同时也是一位爱国主义者，他倡导职业教育，其对我国近代职业教育发挥了重要作用。他于 1917 年成立中华职业教育社，“使无业者有业，使有业者乐业”[①]为职业教育的总目的，在全国推行职业教育并创办职业学校。中华职业教育社成立了众多职业补习教育机构，旨在提升失学失业青年、就业工人、中下级公务员、店员、职员的文化素养和专业技能。

中华职业教育社建立了大量职业辅导机构，其目的是为失业青年提供帮助，使就业人员包括需要提高自身能力的公务员可以在业余时间掌握必备的岗位知识。黄炎培和他的同事对当时脱离社会生活的传统教育进行改革，勇敢地对继续教育进行实践，最后获得了很多宝贵经验。

① 周翔．就业宝典：世纪之交的择业指南 [M]．北京：时事出版社，2000.

2. 梁漱溟的继续教育探索

梁漱溟作为一位杰出的现代思想家和教育家，不遗余力地致力于推进乡村建设事业的发展。他在社会教育中扮演着一个不可或缺的角色。他提出了自己关于“社会教育”的观点。在《社会本位的教育系统草案》中，他详细探讨了“社会教育”（或民众教育或成人教育即继续教育）与学校教育之间的相互关系，并强调社会教育是学校教育的一种补救措施，因此，学校教育和社会教育应该形成一个完整、合理、统一的教育体系。梁漱溟为乡村教育实践贡献了毕生精力，尽管受到历史影响而没有取得好的结果，但是他的探索实践为后来研究继续教育提供了很好的参考，有着深刻的影响。

3. 蔡元培的继续教育探索

1918 年，蔡元培先生正在北京大学担任校长，作为一位闻名的教育家和民主革命家，他对平民教育非常看重，“平民夜校”就是他在北京大学开设的，同时开设的还有“校役夜校”。此举不但在历史上开创了北京大学继续教育的先河，也打开了我国高等学校继续教育开创史上的第一页。

（二）解放区的继续教育探索阶段

1927 年 12 月，井冈山市的龙江书院成立了教导队。当时的环境不能为学员提供教室和宿舍，于是老百姓便为他们提供了住宿。学员的住所前面是一片草地，天气晴朗的时候，学员就以草地为教室来上课。若缺乏书写工具，则可采用树枝、炭条等替代工具；若无纸张可用，则可采用地面、石板、石碑等材料予以替代。因此，在继承这一经验的前提下，党和军队开创了一种独特的继续教育模式，并对其进行了深入研究。在推广武装部队和解放区期间，为当时的部队和解放区行政部门输送了大批高素质人才，有效提升了部队指战员的整体素质和解放区工作人员的知识水平和工作能力，同时也为解放区的劳苦大众提供了学习文化的机会。

（三）中华人民共和国成立初期继续教育探索阶段

在中华人民共和国成立后，面对百业待举的局面，如何让在职人员更好、更快地适应社会主义建设新要求，成为当时我国社会主义建设的当务之急。自中华人民共和国成立之初起，国家一直致力于为劳动者提供业余教育和在职干部教育，以促进他们的全面发展。为了适应当前形势的要求，我国积极探索新的继续教育方式，并形成了一套独具特色的教育体系。

1. 不脱产学习

在中华人民共和国成立之初，由于事务的繁忙和工作的紧张，只有在业余时间，工作人员才有机会接受教育。因此，随着时代的发展，非全日制学习逐渐兴起，并被广大员工所青睐。开展不脱产学习的机构包括不同类型的学校，教学方式多种多样，如面授和函数及电视和广播等。随着时间的推移、社会的发展，在职进修的内容也越来越广。跨部门、跨行业、跨学科的学习应运而生，学习者可以根据自身实际情况而选择学习内容、学习方式和专业方向。

2. 脱产学习

为了使人们更快更好地获取知识和技能，脱产学习让他们有机会全身心地投入所选专业和方向的学习中，从而实现从工作岗位上的解脱。我国生产力的迅猛发展为人们提供了广阔的学习空间和无限的可能性。并且当时我国迫切需要大量具备文化和技术素养的人才来进行建设工作。该现象主要呈现为短、中、长期的集中式培训，以满足不同层次的学习需求。一些人选择单独脱离工作岗位，而另一些人则选择了与单位进行集体合作。在这个时期，相较于我们今天所提到的继续教育，不脱产学习和脱产学习在形式和质量两个方面都有着惊人的相似之处，因此，继续教育成为我国继续教育领域的一次全新尝试。

第三节　继续教育理论的确立

20 世纪 30 年代，美国推出了一项名为 CEE 的全新教育计划，即继续教育，旨在为学生提供更广泛的学习机会。为了确保新产业的生产任务能够顺利完成，我们需要对一部分工程技术人员进行再培训，以帮助他们更快、更好地适应快速变化的生产需求，并快速掌握难度升级的新技术。经过时间和经验的积累，当代继续教育成为一种广泛、多样和灵活的终身教育方式，其中包括对各行各业进行专业培训的大众教育、中等教育及大学后继续教育，作为社会终身教育的一部分，继续教育是不可或缺的。

一、继续教育理论研究的发展历程概述

（一）20 世纪初至 20 世纪 50 年代末是继续教育理论研究的创始阶段

在探究继续教育理论的初期，无论是个人还是群体，对其进行的研究都处于相对较低的阶段，这是一个相当早期的时期。在学习目标、学习技能及成人教育等方面，我们已经取得了初步的进展。在此时期的学术研究中，主要呈现出以下 6 个显著特征。

（1）研究方法简单，逻辑不够严密，研究结果有较大出入。

（2）研究问题较为分散，不系统、不深入。

（3）研究者只关注成人学习中的心理研究，历史研究、哲学研究等其他方面的研究并没有引起研究者的重视。

（4）研究成果大部分都是由社会学家所取得的。

（5）研究主要集中在少数几个国家，如美国、英国、苏联等。

（6）研究范围比较小，研究进度比较慢，尚未在真正意义上为继续教育理论研究指明方向。

（二）20 世纪 60 年代至今是继续教育科学研究的发展阶段

20 世纪 60 年代备受瞩目的美国教育家马尔科姆・诺尔斯强调了成人学习者的独特个性和卓越优势的重要性。20 世纪 70 年代中期，在成人智力进行心理实验的研究中，苏联学者取得了一系列研究成果陆续有多本专著问世，《成人生理心理机能的发展》就是其中一本，正是因为这些著作，才丰富了对成人学习所进行的教育研究的理论知识。

终身教育思想的传播对继续教育研究的深入开展起着巨大的推动作用。1970 年法国教育学家保罗・朗格朗发表的《终身教育引论》一书和 1972 年国际教育发展委员会向联合国教科文组织提交的关于国际教育策略的研究报告（题目为《学会生存》）都提出了传统的学校教育体制必然为终身教育体制所代替，最终走向“学习化社会”的发展方向。[①] 对于继续教育的持续发展和成人教育的后续研

---

① 国家中长期教育改革和发展规划纲要实施全书编写组．国家中长期教育改革和发展规划纲要实施全书（2010—2020）[M]. 北京：开明出版社，2010.

究来说，上述研究具有重要的指导意义。

从 20 世纪 70 年代开始，人们将注意力放在对继续教育和社会结构变化之间的联系的研究上。巴西著名教育家保罗·弗莱尔认为继续教育最主要的责任就是对社会变革起到促进作用，同时也应该促进政治变革，他的观点在发展中国家得到了普遍认可。

20 世纪 80 年代以来，国际继续教育研究的最显著成就体现在以下领域。

（1）国际上开始大范围对继续教育进行比较研究，各国得以相互沟通、相互补充，推动了继续教育国际会议合作研究和信息交流。

（2）在西方的继续教育研究中，马克思主义理论开始占据主要地位，马克思主义观点被部分西方学者加以应用，以此来对继续教育的进程进行把控，使继续教育的发展拥有了新的生命力。

从上述研究可知，国外对继续教育理论的研究呈现出以下 4 点特征。

（1）继续教育学科已经设立，正在不断完善中。

（2）已经成立了继续教育专属研究组织。

（3）其研究得到了其他国家大量关注和支持。

（4）国际上已经大范围对继续教育研究展开比较工作。

二、继续教育的教育形式

（一）成人高考

“成人高考”是成人高等学校招生全国统一考试的简称，考试分为三个类型：专升本、高起本和高起专。其中“专升本”是专科起点升本科的简称；“高起本”是高中起点升本科的简称；“高起专”是高中起点升专科的简称。全国成人高等学校招生统一考试为成人高等教育属国民教育系列，列入国家招生计划，国家承认学历。

成人高等教育是正规高等教育的一个分支，是国民教育体系不可或缺的一部分，国家认可其学历并对其制定招生计划。脱产、函授和业余是成人高等学校的三种学习形式，其中业余又包含半脱产和夜大学。在脱产学习中，高起本至少需要四年，高起专至少需要两年，专升本也是两年；在函授和业余学习中，高起本至少需要五年，高起专至少需要两年半，专升本也是两年半。

（二）远程网络教育

1999 年开始，68 所普通高校在教育部的批准下进行现代远程教育试点工作，包括清华大学远程教育、对外经济贸易大学远程教育学院等，并同意试点高校在校内开展网络教学工作的基础上，运用现代通信网络进行学历教育及非学历教育。对于符合高等教育毕业条件的学习者，颁发高等教育证书，对其学籍进行电子注册，以达到国家认可标准。

（三）自学考试

高等教育自学考试是对自学者进行以学历为主的高等教育国家考试，是个人自学、社会助学和国家考试相结合的高等教育形式。[①] 自考制度的创立始于 1981 年，标志着其历史的开端。国家鼓励并支持个人通过各种途径学习，以满足社会发展需要。自学考试已经在中国 31 个省自治区、直辖市和军事系统，以及中国香港、中国澳门和中国台湾广泛传播，成为最具开放性的高等教育形式之一。在中华人民共和国的领土范围内，无论个人的性别、年龄、民族或文化程度如何，都可以依据国务院有关高等教育自学考试的相关规定进行自学考试。

（四）广播电视大学

电视大学开放教育的中心是学生和学习，目的是消除学习者的学习障碍，打破学习限制条件，与其相对的教育形式是封闭教育。

例如，开放教育对学习者的年龄、职业、地域和资格的要求条件比较宽泛，有文化基础的学习者可以直接进行入学申请，跨过了入学考试这一步骤；学生的课程选择、媒体使用可以在某种程度上由自主决定，以何种形式进行学习，怎样安排学习进度，何时何地进行学习等问题都可以由学习者结合自身条件自主决定；其学习教材涉及多种媒体，使用的教学手段更是应用到了现代信息技术。

① 中国高等教育学会．高等教育改革发展专题观察报告（2015）[M]．北京：北京理工大学出版社，2016．

第四节　继续教育的重要性研究

在新时期大力发展继续教育事业不仅能够持续提高社会人群的受教育水平，提升全民整体素质，同时也是改造各层次的人才结构，实现就业、创业、创新能力的重要途径。它为社会、企业及个人的不断成长增添了更多活力，提升了企业和国家的竞争力，对形成全民参与的终身学习型社会产生了积极影响。

一、继续教育的需求性剖析

（一）社会发展需求

当时处于国际竞赛与国内教学发展现状的大环境下，推动继续教育发展的根本动力，即开展创新型国家建设，注重科教兴国战略。

1. 继续教育帮助就业人员适应社会各方面的需求

随着科技的迅猛发展，社会经济等各方面都在发生变化，因此，对于就业人员的知识储备提出了更严格的要求，同时作业应变能力和智能结构也面临着新的挑战。为了适应当今社会多元化的需求，单一的校园教育已经难以适应社会多元化发展的需求。

2. 继续教育训练能调理和引导社会人群的思想

在经济快速发展和社会快速转型的前提下，很大一部分人对新的要求、新的观念和新的思路完全迷茫了。为了让他们拥有正确的世界观、人生观和价值观，让其明白自身的努力是必不可少的，将归纳教学运用在家庭、社会、校园中也是必不可少的。通过持续的教育训练，可以在一定程度上对社会人群的技能、思想、认知、情绪和行为等方面进行调整和引导，从而对他们的政治情绪、观念和理想信念产生深远的影响。

3. 继续教育是人员资本转化为人力资本的最好辅助

在我国当时的待业人员中，多数缺乏技能型或低技能型劳动力，因此将其转化为人力资本，最具成效的方法是通过辅助继续教育，逐步提高员工的作业技能水平，积累尽可能广泛的常识量，以改变他们在从业竞赛中的劣势地位，从而在一定程度上解决结构性就业问题。

（二）公司发展需求

若将公司比作一台庞大的机器，那么教学训练则可被视为人力资本作业的润滑剂，要为其注入源源不断的活力。公司要想在市场上站稳脚跟，就必须重视员工培训。当面对新的作业要求时，需要采用一种独特的教学方法，以促进职工的专业素养、作业技能、情绪管理、应变能力、思想形态并与公司的发展需求相适应，同时也需要为公司的运营提供有力的支持。数据显示，越来越多的企业已经认识到，为员工提供更高级别的培训，将会带来成倍的效益提升，这也反映了雇主们对于员工培训的热情和投入。在这种情况下，公司必须通过培训来提高员工的能力以满足市场的需求。因此，加强以作业技能为导向的持续学习和培训，对于公司获取和坚持竞争力具有积极的促进作用。

（三）个人发展需求

新技能革命引发的新经济以及全球经济合作趋势设立了许多新的作业岗位，也为传统的作业岗位注入了更多成分和新鲜血液。[①] 随着新技能革命的趋势发展，部分员工面临选拔或过渡期的挑战，同时也有部分员工需应对一系列的作业变革，做好新作业角色的准备工作。因此，个人发展的必然需求在于积极参与先进作业技能的活动，并将其延伸至教学程度的不断提升。

随着社会的不断发展，继续教育已成为一种必不可少的教学模式。在新的历史时期，积极推进继续教育的发展，不仅能够满足广大民众对于多元化教学方式的需求，同时也是优化人才工业结构的主要策略。在推进我国经济发展变革的过程中，为促进国家竞争实力，特别是在构建终身学习体系和构建学习型社会方面，发挥了至关重要的推动作用。

二、继续教育的必要性剖析

（一）继续教育面对的发展机会要求

国家继续教育发展理论和方针，以及新媒体条件下技能性方针的不断推进，为继续教育提供了卓越的发展环境和机遇，进一步促进了其深化发展。同时也使

① 陈坚．当代继续教育研究[M]．北京：光明日报出版社，2016．

继续教育面临着更加严峻的挑战。随着《国家中长期教学变革和发展规划纲要（2010—2020 年）》的提出，继续教育正在逐步跨越传统的教学模式，探索教学和管理理念的创新与实践。国家科学发展观的倡导，为深化继续教育和推进终身学习的根本教学理念提供了有益的思路。在现代信息技能和网络化技能的推动下，许多继续教育作业已经颠覆了传统的教学形式，实现了教学信息和资本的共享，从而促进了继续教育作业的发展。

（二）继续教育面对的发展挑战要求

随着现代信息技能和多媒体技能的不断进步，继续教育作业的开端面临着更为严峻的挑战，特别是在当前阶段，许多继续教育作业的内容存在着较多的联系性和片面化的教学形式等问题。随着计算机技能的广泛应用，教学内容不断涌现出新的知识、技能和理论，特别是在信息技术的指导下，理论和实践知识不断丰富，这些都要求继续教育不断发展并完善自身，提高教学实务性，增强继续教育办学者的办学自觉性，扩大教学规划和内容，提高教学质量和作用，完善教学形式和特征，以适应社会发展对继续教育的特征化需求。继续教育办学者应当打破传统教学过程中“单次学习，受用终身”的教育模式，积极推进终身学习理念的深入渗透和推广。

三、继续教育的有用性剖析

（一）与学历教育的充分联系，增强了国民基本素质

作为高等教育的主要组成部分，继续教育需要从市场需求和社会发展的角度出发，充分利用多种教育资本，积极推动学历教育的蓬勃发展，以促进继续教育的全面提升。随着我国经济社会的发展，人们进入了一个创新式社会发展的新阶段，并要求每一个人以学习型社会为基础，因此，很多人开始意识到终身学习的必要性，并以提升自身为个人发展的指导方针。

推动社会成员学历水平的提高，是社会不断向前发展及文明进步的基石和象征，也是促进社会结构不断向前发展的主要途径。随着知识经济时代的到来，对高素质人才提出了更高要求。在此社会环境中，继续教育被认为是推动社会成员归纳本质的重要方式，需依据市场及个人需求与发展情况，重视特色教育的发展，

将地区经济与社会生产力相结合，发展以社会、市场及公司为重点的成人学历教育，适应社会成员的学习需求，进而促进国民素质提升，建立学习型社会。

（二）与技能训练的充分联系，推进了技能型人才培育

自改革开放以来，随着我国经济的不断深化和工业结构的转型，以劳动密集型工业为代表的工业快速崛起，但随之而来的是许多商品生产结构的调整和经济增长法的转变，这种转变打破了传统的高耗低效发展模式，朝着自主创新和节能环保的方向发展，因此，我们需要培养一大批高素质、高技能的人才，以满足各项新技能的要求。

为了履行其社会使命，继续教育必须不断完善自身，以促进复合型、归纳型和技能型人才的培养。在继续教育中培养复合型和概括型人才是企业的责任与义务。持续拓展多元化的教学资源，加强高技能的相关培训，充分展现技能培养的优越性，加强对多样化技能人才的培养，为公司的发展和社会的进步提供更多专业本质和技能本质过硬的人才。

（三）与公司发展的充分联系，培育了专业人才

继续教育的教育理念在于培养一大批高技能、高素质的应用型生产一线技能人才，因此，将继续教育与公司的发展紧密结合是必要的。公司在日益发展的过程中，急需注入新鲜血液，创新发展活力。在员工自身专业素养与技能得以提升的基础上，才能促使公司与社会与时俱进，实现公司的长远发展。所以，应将继续教育放在企业战略发展中。关注公司人才成长，已成为继续教育为公司长期发展进步的必然选择。

（四）与区域经济发展联系，推进了品牌建设

在一定程度上，继续教育与区域经济发展之间呈现出一种相互促进的趋势。继续教育的目标在于培养具备高综合素质和专业技能的人才，以促进区域经济和人力结构的调整和发展，从而为区域经济的繁荣做出贡献。为促进区域经济的发展，继续教育提供了技能指导和思想引导，以推动技能向实际生产力的转化为目标。继续教育的进展在很大程度上受到区域经济发展状况的影响，这包括但不限于教育质量、教育规划和教育层次等方面。

第二章　高校继续教育发展现状分析

学历继续教育和非学历继续教育是继续教育的两种形式，前者指的是在我国的普通高校或社会上的培训机构中进行的不授予学历的继续教育项目和培训项目，而后者则包括在我国境内与国外联合开展的非学历形式的涉外教育培训项目。本章介绍了我国高校继续教育发展现状，主要阐述了我国高校学历继续教育发展现状分析、京津冀地区高校学历继续教育发展比较分析、新常态下我国高校学历继续教育发展面临的问题、高等学校非学历教育发展现状及问题。

第一节　我国高校学历继续教育发展现状分析

改革开放以来，我国继续教育事业持续发展，特别是信息化时代的到来，知识更新速度加快，终身教育理念深入人心。国家逐步提升继续教育的战略地位，构建学习型社会、建设全民学习的终身教育体系已成为实施人才强国战略的重要举措，在提高人才队伍能力素质中发挥着越来越重要的作用。

随着普通高等教育的不断扩招，高等教育进入大众化阶段，高校继续教育的学历补偿功能逐步弱化，各类学历继续教育对高等教育毛入学率的贡献也逐步降低。而高校学历继续教育人才培养质量和社会认可度不高的问题也暴露得越来越明显，随着《高等学历继续教育专业设置管理办法》的出台，没有设置全日制教育专科专业的本科院校将不能再继续举办专科层次的学历继续教育，此举将助推普通高校继续教育的分层分类发展，在不久的将来将会对高校学历继续教育的整体办学格局带来深刻的改变。

一、高校继续教育现状

随着我国进入高等教育大众化阶段，参与普通高等教育的机会变得越来越多，高校学历继续教育的学历补充功能逐步弱化。而为适应更快节奏的时代变迁和知识更新，各类以知识拓展、技能提升、视野开阔等为目标的非学历教育正在蓬勃发展，这种变化也在近几年悄然改变着高校继续教育的结构和市场格局。

党的十九大报告提出“办好继续教育、加快建设学习型社会，大力提高国民素质”，职业教育与成人教育司 2018 年工作要点明确要求：深化产教融合、校企合作，办好继续教育，并提出积极推进各类院校面向行业企业开展职工继续教育。继续教育作为终身教育体系的重要组成部分，是提高国民科技文化素质和就业、创业、创新能力的重要途径，在推动我国迈入人力资源强国和人才强国行列过程中发挥着重要作用。

高等教育的持续学习是国家人才培养的重要组成部分，是推动学习型社会建设和提升国民素质的重要支柱。随着高等教育大众化进程的不断加快，加强对高校继续教育发展报告的研究具有十分重要的现实意义。在推进简政放权、放管结合、优化服务的大背景下，实施高校继续教育发展年度报告工作，是逐步完善高校继续教育质量保障制度、全面提升继续教育人才培养水平的重要措施；加强高等教育机构的主体责任，推进信息公开，回应社会关切，接受社会监督，这是其重要体现之一；加强教育行政部门的事中事后监管和服务，是提升科学决策水平的一项有效措施；高校继续教育办学理念、成果和特色的宣传展示，是为全社会营造全民学习、终身学习良好氛围的重要途径。

我国普通高校开展的继续教育主要是面向成人高中后和大学后各种形式和类型的高等学历和非学历继续教育。改革开放 40 多年来，高校学历继续教育为广大社会成员提供了多渠道接受高等教育的机会，为国家现代化建设培养了大批急需的专门人才，在国家经济建设、科技进步和社会发展中发挥了重要作用。总体来看，近年来普通高校学历继续教育持续保持稳定发展，远程继续教育不断改革探索、扩大规模，高等教育自学考试积极发展、稳中求进。

（一）高校继续教育发展的必然选择

近年来，高等教育机构在继续教育方面的进展缓慢，缺乏足够的推动力，导致其发展水平呈现出下降的趋势。通过对高校继续教育实际开展状况与国家、地方相关政策要求以及新时代高校建设目标、发展要求和变化趋势的综合对比分析，我们发现其中仍然存在着显著的矛盾问题。高等教育机构在推进继续教育建设和发展的过程中，缺乏战略性思维，未能将继续教育有机地融入高校的发展战略中，同时也未充分考虑继续教育的未来前景，这导致高校在继续教育领域中缺乏高素质的人才队伍，同时也缺乏对教育内涵的充分理解。高校内部之间职能混杂，管理职责不清，在高校继续教育整体管理层面出现效率过低及条块分割等问题，继续教育管理共享程度不足，影响高校继续教育融合性和开放性。①

2022 年 4 月 15 日《教育部办公厅关于严格规范高等学历继续教育校外教学点设立和管理工作的通知》和《校外教学点设立和管理工作指引》中指出，2022 年底前，全国各大学停止增设校外教学点；2023 年 1 月开始，根据《校外教学点设立和管理工作指南》，校外教学点的数量原则上“只减不增”。我国高等教育进入了新一轮发展阶段，继续教育作为一种新形式将面临前所未有的机遇和挑战。相对于高校中呈现出的快速增长趋势，继续教育领域在人才招收方面普遍表现出了显著的下降趋势，同时学员的增长趋势也出现了停滞现象。在成人学历教育领域，每年的毕业生人数和招生数量之间呈现出一种反向的趋势，这种趋势在继续教育中尤为明显。随着时间的推移，毕业于继续教育领域的学生数量呈现逐年减少的趋势，这表明继续教育在追求数量这一发展方向上已经陷入了困境，同时高校中的继续教育质量也在不断下降，因此需要进行全面的创新转型，以满足新时代人才培养的要求。继续教育是高等教育体系不可或缺的一部分，对培养高素质人才具有重要意义。当前高校中，继续教育的实际操作运行机制和管理体制不符合社会发展需要，同时未能与高校自身综合改革发展要求以及高校发展新状况进行创新调整，从而导致继续教育和高校建设发展脱节。随着时间的推移，继续教育相关评价考核制度已经呈现出一种僵化的特征，并限制了继续教育的实施，严重影响了整个继续教育资源的效益。因为一些高等教育机构在继续教育方面存在误解，导致其办学理念出现偏差，长期停滞于学历补偿教育，直接照搬和照抄高等教育领域的相关办学方法、教学内容和教学体系，导致相关继续教育体系、机构设置和制度方法仍然停留在 20 多年前。尽管高校继续教育在一定程度上借鉴了普通高等教育的管理模式，进一步扩充了财务管理机构、专业培训机构，设立

① 郄柳茵．终身教育视角下新时代高校继续教育转型发展路径研究 [J]. 继续教育研究，2022（10）：7-11.

了学籍管理部门、教务部门及招生办等职能机构，但由于各个科室的工作人员相对固定，流动性不足，因此继续教育相关管理理念并不能适应新形势的发展需求。

在国际合作交流的日益频繁以及国内社会经济全面转型升级的背景下，高校中的非学历教育和继续教育领域所面临的供给短缺问题日益严峻。大部分学校中的继续教育依然处于发展初期和起步阶段，缺少完善的基础保障设施，同时激励机制和管理制度依然存在一定漏洞。[①] 部分高等教育机构长期保持封闭发展模式，这导致它们与行业企业和培训市场渐行渐远，长期远离行业市场，逐渐与社会脱节，同时高校对于继续教育的认知不够全面，从而削弱了继续教育在市场上的竞争力。在某些高等教育机构中，与继续教育相关的教职人员多为其他学科的兼职教师，缺乏足够的专业度，从业人员缺乏有效的创新意识，整体业务水平较低，普遍存在全包到底和“等米下锅”等问题，这些问题对继续教育的整体实施质量产生了不利影响。由于对继续教育的认识不足，高校在建设发展过程中未能明确办学方向，未能遵守相关教育发展规律，忽视人才教育质量，将继续教育简单视为一种社会服务，甚至将其视为一种创收盈利渠道，过度追求经济效益而忽视了继续教育的社会效益，从而大大降低了其综合竞争力。

高等教育的兴起和发展周期与当前高校继续教育的迅猛发展趋势密不可分。随着高等教育的全面普及和推广，提升继续教育的质量和规模已成为新时代的主流趋势。在此情况下，高等教育机构应当致力于推进继续教育的转型，全面探索和重构继续教育的实施。若高校未能积极探索创新高校继续教育的转型途径，忽视了继续教育的重要性，那么在整个发展潮流中，高校将只能处于被动地位。

（二）高校继续教育发展的目标取向

高校在建设发展继续教育的过程中应该积极迎合新时代目标取向。习近平总书记在党的十九大报告中强调：“中国特色社会主义进入新时代，我国社会主要矛盾已经转化为人民日益增长的美好生活需要和不平衡不充分的发展之间的矛盾。”[②] 探索我国继续教育的发展方向，必须以社会主要矛盾的演变为基础，这是一种科学理念。目前，我国高等教育的发展仍然存在着不平衡、不充分等问题，

① 李旭初．成人教育发展研究[M]．武汉：武汉大学出版社，2018：41．

② 习近平．决胜全面建成小康社会　夺取新时代中国特色社会主义伟大胜利——在中国共产党第十九次全国代表大会上的报告（2017 年 10 月 18 日）[M]．北京：人民出版社，2017：11．

这些问题阻碍了终身教育体系的建立。然而，继续教育在教育系统中的地位相对较弱，未能与社会经济发展实现有效对接，从而无法为良好的社会发展和经济增长提供有力的推动。在当今新的历史时期，高等教育机构的教育模式、管理制度以及技术创新等方面都经历了显著的演变。这些因素共同推动了我国继续教育领域的变革。高等教育机构中，继续教育正在向专业化、立体化和终身化等方向不断演进，以适应不断变化的社会需求和人们对于知识的追求。在中国共产党的科学领导下，高等教育机构全面践行党的各项方针政策，紧密围绕新时代的发展主线，毫不动摇地向社会主义办学方向迈进。因此，高校要积极适应国家经济建设与发展的需要，进一步深化教育领域改革。以立德树人为目标，注重人才教育质量和教育内涵，结合新时代社会相关行业领域对各类人才的具体需求，制定具有针对性的改革策略，以促进教育改革的不断推进。为满足当前继续教育的需求，深入了解高校继续教育存在的问题，通过系统调查研究掌握成人学历教育的发展要求，与高校全面对接，顺应新时代高校教育改革发展要求和社会发展趋势，积极创新转型高校继续教育，推动继续教育内外管理机制的全面重构，提升继续教育领域的综合管理水平，支持继续教育的合理实施，与国家发展战略全面对接，顺应继续教育的现实需求，使职业技能培训和学历教育等补偿教育向终身教育方向转型。在终身学习的理念下，强调不同教育之间的有效衔接，以确保继续教育的持续性，并形成一种长期性的教育模式，以改善传统继续教育下的短期性和一次性等教育行为，消除继续教育的短板，提高继续教育的质量，并培养出优秀人才。为促进成人高等教育在继续教育领域的全面共享和融合发展，我们需要建立一座基础立交桥，以加强人才培养的网络教育、成人高考和自学考试等方面的合作。推动高校继续教育向融合线上线下的新模式转型，积极推广创新型混合教育模式，以满足广大学员多元化的学习需求。

二、学历教育发展概述

（一）学历教育发展内涵

《中国继续教育发展报告》中也提到，在国家相关成人教育政策的引导下，随着生源市场需求的变化，成人高等学历教育已经逐渐由学历补偿教育为主，注重办学规模的外延式发展向调整办学结构、多元并进，注重教育质量和办学效益的内涵式发展过渡。普通高校在成人高等教育招生中所占比例越来越大，一家独领风骚的局面已经形成，高校成为新时期开展成人高等学历教育的主力军。

为了更好地促进学历继续教育内涵式发展，国家和地方各级政府在积极出台各种教育政策进行引导与支持的同时，高校更应该注重“底层设计”，从自身做起进行更多的改革，因为学历教育是高校继续教育的立身之本，是高校服务社会的重要之地，而目前高校学历继续教育的社会声誉已大为降低，大众对其认可度和满意度几乎处于历史的最低。学历继续教育内涵式发展，是高校义不容辞的义务，也是社会赋予高校的责任。只有将学历继续教育真正纳入人才培养体系，在办学理念、课程建设、师资队伍建设、教学设计、教学管理、教学评价等方面做更多的改革与研究；注重提高高校继续教育社会效益的比重，降低经济效益的比重，教学质量才会有实质性的提高，高校继续教育办学才能实现可持续发展。

（二）学历教育发展现状

1. 发展现状

我国普通的高校继续教育主要分为两种：学历教育和非学历教育。其中，学历教育主要包括函授教育、脱产班、夜间大学等形式，以此为形式的成人教育集中在高校，另外还有部分学校开展了在职研究生教育。

大多数的成人高等教育到目前为止仍然依托高校展开，随着网络的不断普及，网络教育已经形成了一定的规模，成为重要的办学形式，成人教育也在逐渐向网络学习中心靠拢。

2. 学历教育改革

2016 年底，教育部发布《高等学历继续教育专业设置管理办法》（下称《管理办法》）。在学历教育领域，一次重大的改革引起了广泛的关注和讨论，因此《管理办法》要求对现有的本、专科专业进行全面的梳理、调整和规范，从明年开始，普通高等学校将不再提供本校全日制教育专业范围外的学历继续教育，而所有新入学的学生都将按照新目录内的专业进行招生。2017 年是学历继续教育改革之前的过渡期。根据这一文件精神，今年普通高校在全国开展“普高扩招”试点。自 2018 年起，普通高等学府将停止提供超出本校全日制教育专业范围的学历继续教育服务，对于未开设全日制专科层次教育的普通本科高校，将不再提供专科层次的学历继续教育服务。

2018 年 11 月，北京市教委发布《2018 年北京市市属高等学校成人高等教育招生计划的通知》确定 2018 年市属高等学校成人高等学历教育招生计划总人数 22 255 名，本科招生计划 12 617 名，高职（专科）招生计划 9 638 名。

为了满足本地区、本行业成人高等教育的需求，高校应当加强对脱产、业余、函授等学习形式相关规定的严格执行，并进行深入的需求分析和预测。为确保普通高等学校成人教育、网络教育、自考助学的面授教育规模不再扩大，我们将严格控制招生规模，优化招生专业结构，以提升办学质量和水平。我们应该积极推进各种形式的非学历教育，特别是在大学后提供继续教育和为高层次岗位提供培训机会。

为了适应首都经济建设和社会发展的实际需求以及本校的办学条件，独立设置的成人高校应当积极调整其学科和专业结构，以不断提升成人学历教育的培养质量。积极探索多元化的非学历继续教育形式，包括但不限于社会培训等，以不断扩大为社会教育服务的渠道。

为确保成人高等学历教育与研究生、普通本专科等教育事业的协调发展，普通高校应综合利用学校各项办学条件，特别是专任教师数量和质量，以保证必要的办学条件。普通高等教育机构在招生计划中不得安排学生以脱产形式学习。加强高校办学条件的监测和审核力度，对那些基本办学条件未达到规定标准的学校，将在高等教育计划安排等方面实施适当的限制。加强对成人高校报名、考试、录取全过程的事前、事中、事后监管，着重打击虚假宣传、违规承诺、降低培养成本以促进生源竞争等不良行为。

第二节　京津冀地区高校学历继续教育发展比较分析

2015 年 3 月，中央财经委员会第九次会议审议研究了《京津冀协同发展规划纲要》。2015 年 4 月，中共中央政治局召开了一次会议，对《京津冀协同发展规划纲要》进行了审议并通过。推进京津冀协同发展已成为我国重要的战略举措。区域协同发展已经成为新常态下国家经济发展的重要方式。

京津冀协同发展规划将京津冀整体定位为“以首都为核心的世界级城市群、区域整体协同发展改革引领区、全国创新驱动经济增长新引擎、生态修复环境改善示范区”。在这一背景下，三地要充分发挥各自优势，优势互补，实现共同繁荣。京津冀地区的整体定位体现了三省市“一盘棋”的理念，强调了功能互补、错位发展、相互补充的重要性；三个省市的定位是为了服务于整个区域的定位，以确保其整体定位的一致性。与之相呼应，高校继续教育的发展也要服从国家对京津冀协同发展的定位，服从三地对多样化、差异化人才需求的现实。就三地人才需求来看，因定位不同，人才需求就会有差异，会有大量的人员流动，除新留毕业生和人才引进外，原有人员的提升、新技能的学习是必然的，这就是高校继续教育的职责。在此过程中，高等教育资源集中的北京在京津冀协同发展背景下还肩负着输送优质资源，促进教育公平、协调发展的责任。

在京津冀区域协同发展理念的指导下，京津冀地区的继续教育需要进行整体定位和统筹规划。本书从京津冀地区学历继续教育整体概况和继续教育协同发展背景两个方面出发，对京津冀地区高校继续教育发展情况进行比较分析。

一、京津冀地区学历继续教育整体概况

京津冀地区的高校由于各自发展定位不同，其继续教育的发展也呈现出较大的差异。下面分别从高等教育机构分布情况和学历继续教育规模两个角度来进行分析。

（一）京津冀地区高等教育机构分布差异较大

2020 年京津冀地区各类高等教育机构数量情况[①]如表 2-2-1 所示，由数据可见，在京津冀地区，北京由于其全国文化中心的地位，高等教育机构总量最大，特别是央属高校数量占当地总数的 84%，在全国排第一；普通高校中本科高校数量最多；此外，北京成人高校和民办的其他高等教育机构也最多。天津的高等教育机构总量在京津冀地区中为最小，而且没有民办的其他高等教育机构。河北普通高校数量虽然最多，达到 125 所，但层次明显偏低，普通高校中专科学校接近 50%，央属高校也仅有 4 所。

① 中华人民共和国教育部．高等教育学校（机构）数[EB/OL].（2021-08-27）[2023-03-14]. http：//www.moe.gov.cn/jyb_sjzl/moe_560/2020/gedi/202108/t20210831_556506.html.

表 2-2-1　2020 年京津冀地区各类高等教育机构数量情况

（单位：所）

高校类型	北京	天津	河北
普通高校	92	56	125
其中央属高校	39	3	4
本科	67	30	61
专科	25	26	64
成人高校	23	13	6
其中央属高校	8	0	1
其他民办高等教育机构	64	0	38
合计	181	70	174

从资源分配的角度来看，北京高校无论是从数量还是质量在京津冀地区都占据绝对优势。2020 年京津冀地区普通高等学校生均经费情况如表 2-2-2 所示，①2020 年北京高校生均公共财政预算教育事业经费和公共财政预算公用经费分别达到 5.6 万元和 2.1 万元，是京津冀地区最高的，比全国的平均水平分别高出 171.81% 和 165.89%；天津高校的生均经费要低于北京，但比全国平均水平略高；而河北高校的生均经费相对最低，甚至比全国的平均水平还要低，其生均公共财政预算教育事业经费比全国平均水平低 18.29%，公共财政预算公用经费刚刚达到全国平均水平。

表 2-2-2　2020 年京津冀地区普通高等学校生均经费情况

	北京	天津	河北	全国
公共财政预算教育事业经费 / 元	56 861.41	20 284.01	17 092.83	20 919.17
公共财政预算公用经费 / 元	21 588.60	8 839.91	6 207.31	8 119.51

① 中华人民共和国教育部 .2020 年全国教育经费执行情况统计公告 [EB/OL]. (2021-11-22) [2023-03-14].http：//www.moe.gov.cn/srcsite/A05/s3040/202111/t20211130_583343.html.

2020 年京津冀地区高等教育专任教师学历情况如表 2-2-3 所示[①]，从表中可以看出，2020 年北京高校专任教师中，具有研究生学历（含博士和硕士）的占 89.41%，高于天津 72.62%，远超过河北 58.02%，比全国平均水平高出 24.56 个百分点，具有非常明显的师资优势。可见，从资源配置的角度来说，北京高校的教育资源若能向津冀地区倾斜和共享，对京津冀地区继续教育的协同发展将非常有利。

表 2-2-3　2020 年京津冀地区高等教育专任教师学历情况

学历	北京		天津		河北		全国	
	数量／万人	比例／%	数量／万人	比例／%	数量／万人	比例／%	数量／万人	比例／%
博士	5.09	67.42	1.32	38.04	1.48	17.21	51.39	27.75
硕士	1.66	21.99	1.20	34.58	3.51	40.81	68.71	37.10
本科	0.78	10.33	0.94	27.09	3.55	41.28	63.66	34.38
专科及以下	0.02	0.26	0.01	0.28	0.06	0.70	1.43	0.77
合计	7.55	100	3.47	100	8.60	100	185.19	100

（二）京津冀地区学历继续教育规模的发展形态各异

为了解京津冀地区学历继续教育规模情况，以下主要对成人高等学历教育和网络教育两种类型来进行比较分析。

2016—2021 年京津冀地区成人高等学历教育在籍生人数比较如图 2-2-1 所示，2016—2021 年京津冀地区成人高等学历教育招生人数比较如图 2-2-2 所示，[②]可以看出，2016—2021 年京津冀三地的成人高等学历教育规模呈现出完全不同的发展趋势。

① 中华人民共和国教育部．高等教育专任教师学历、专业技术职务情况（总计）[EB/OL].（2021-08-26）[2023-03-14].http：//www.moe.gov.cn/jyb_sjzl/moe_560/2020/gedi/202109/t20210903_558621.html.

② 中华人民共和国教育部．教育统计数据 [EB/OL].（2022-12-28）[2023-03-14].http：//www.moe.gov.cn/jyb_sjzl/moe_560/2021/.

（1）北京基本呈逐年下降的趋势，在籍生人数由 2016 年的 17.48 万人降低到 2016 年的 9.9 万人，降幅为 43.36%；招生人数由 2016 年的 6.26 万人降到 2021 年的 2.88 万人，降幅为 53.99%；而且多数北京高校因政策制约不再招收专科层次的成人高等学历教育学生，此下降趋势将会进一步加大。

（2）天津呈现小幅振荡的趋势，在籍生人数最多的是 2016 年的 5.95 万人，最少的是 2020 年的 3.66 万人；招生人数最多的是 2021 年的 2.41 万人，最少的是 2019 年的 1.52 万人；无论是在籍生还是招生人数在绝对数量上相对于北京和河北都较小，2016 年的在籍生规模不足北京的 1/3，不足河北的 6/1，而且 2019 年在籍生和招生人数都创造了近 7 年来的历史最低。

（3）河北呈现出较大幅度的上涨趋势，在籍生人数从 2016 年的 36.92 万人增长到 2018 年的 45.01 万人，增幅为 21.91%；招生人数由 2016 年的 13.96 万人增长到 2018 年的 21.16 万人，河北省成人高等学历教育规模近年来增长较大，一方面可能与河北省高校没有网络教育导致生源集中流向成人教育有关，另一方面也与河北省高校迫于低学费而不得不想尽办法扩大招生规模有一定关系。

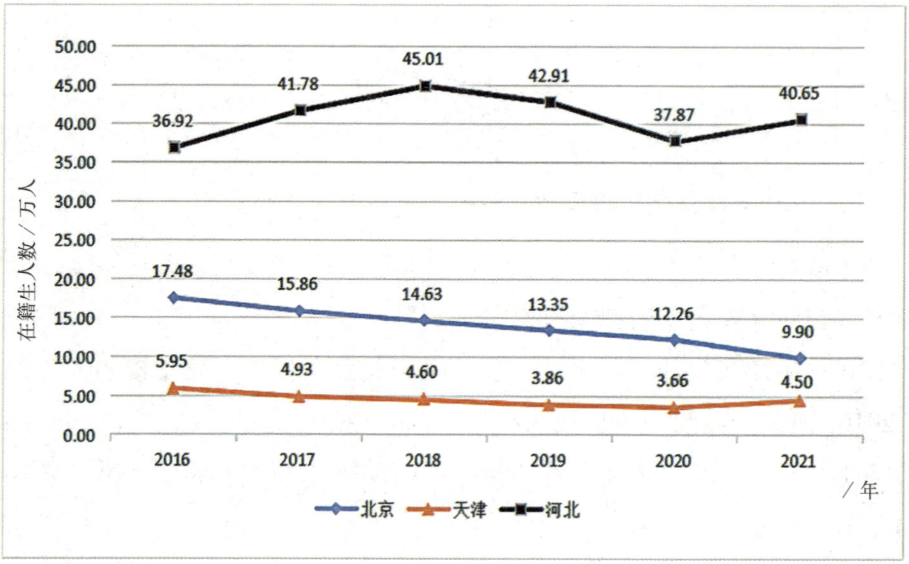

图 2-2-1　2016—2021 年京津冀地区成人高等学历教育在籍生人数比较

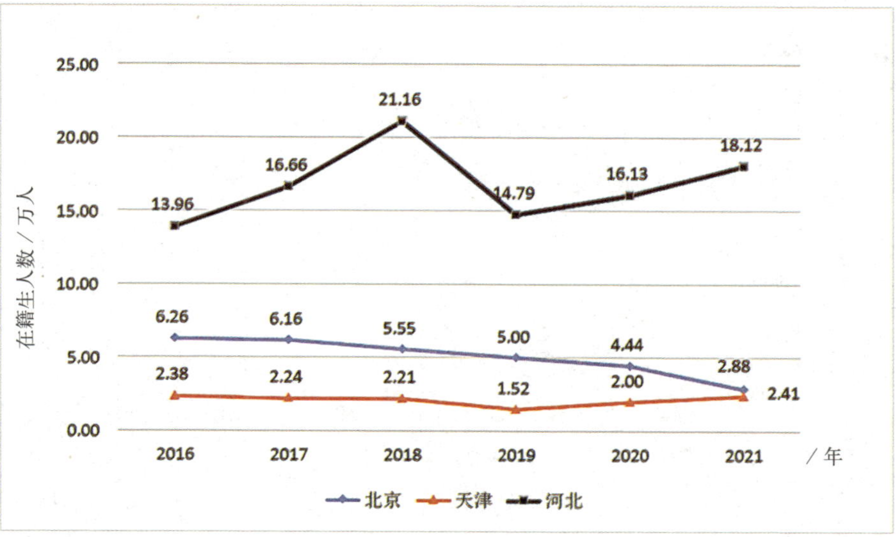

图 2-2-2　2016—2021 年京津冀地区成人高等学历教育招生人数比较

2016—2021 年北京高校网络教育在籍生和招生规模如图 2-2-3 所示，可以看出，2016—2021 年北京高校网络教育在籍生规模呈现逐年递增的趋势，6 年增长了近 40%；与此相应的招生规模也呈增长的趋势，从 2016 年的 119.73 万人增长到 2021 年的 176.36 万人，涨幅达 47.30%。2016—2019 年天津高校网络教育在籍生规模呈现增长的态势，从 2016 年的 11.18 万人增长到 2019 年的 20.41 万人，涨幅达到 18.69%，2019—2021 年人数开始降低。就招生规模而言，总体上呈现增长—衰落—增长的形态。[①]2016—2021 年天津高校网络教育在籍生和招生规模如图 2-2-4 所示。

① 中华人民共和国教育部．教育统计数据[EB/OL]．(2022-12-28) [2023-03-14].http：//www.moe.gov.cn/jyb_sjzl/moe_560/2021/.

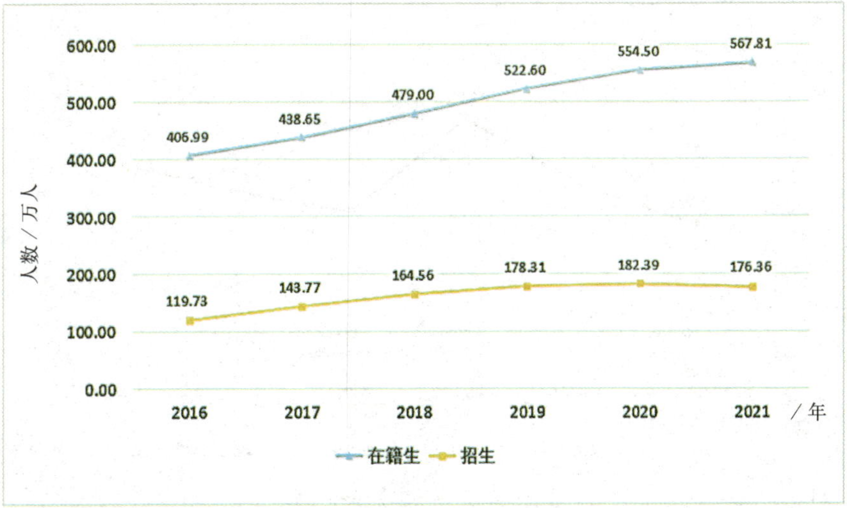

图 2-2-3　2016—2021 年北京高校网络教育在籍生和招生规模

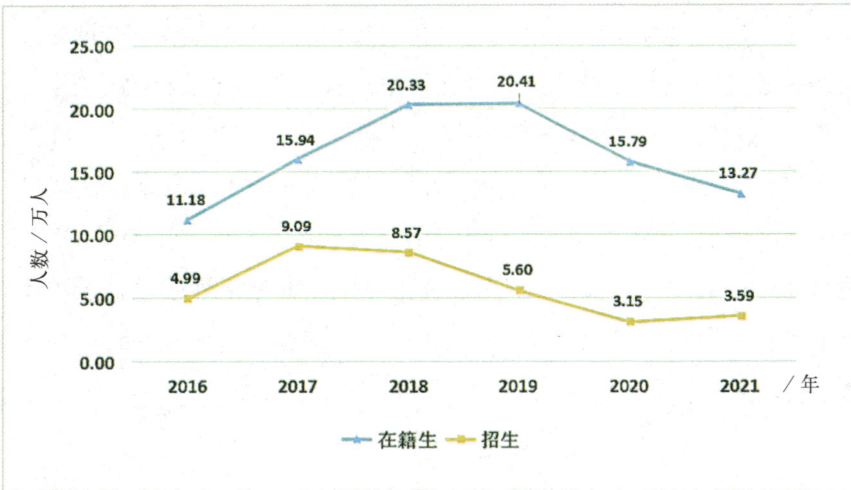

图 2-2-4　2016—2021 年天津高校网络教育在籍生和招生规模

从上述的比较发现，京津冀地区的网络教育主要集中在北京高校，天津只有较少的一部分，河北由于没有网络试点高校则没有网络学生。在国家取消“利用互联网实施远程高等学历教育的教育网校审批”后，京津冀地区应统筹协调、加强合作，充分发挥北京高校在网络教育资源和办学经验方面的优势，促进京津冀地区继续教育的协同发展。

二、京津冀高校继续教育协同发展背景

顺应京津冀地区协同发展战略实施的要求，京津冀高校继续教育的协同发展也是大势所趋。受经济社会发展和地理位置等综合因素的影响，京津冀高校继续教育协同发展将面临很大的考验。以下着重从就业人口受教育程度、学历继续教育本地潜在生源规模两个维度，对三地高校继续教育协同发展的背景进行比较分析。

（一）京津冀地区就业人口受教育程度差距明显

2016—2020 年北京（表 2-2-4）、天津（表 2-2-5）和河北（表 2-2-6）就业人口受教育程度抽样调查结果表。① 从抽样调查数据表可以看出，就接受高等教育（含专科、本科和研究生以及上）的比例而言，京津冀地区呈现出明显的差异。

（1）2020 年，北京就业人口中接受高等教育的比例达到 63.00%，是京津冀地区中最高的，相比 2016 年，比值提高了 21 个百分点；其中增幅最大的是本科就业人口，其比值增加了 10.3 个百分点；另外，研究生及以上的就业人口比值增加了 3.5 个百分点，在三地中也是最高的。

（2）2020 年，天津就业人口中接受高等教育的比例为 42.00%，在京津冀地区中排第二，比北京少 21 个百分点；5 年间增幅最大的是高中就业人口，其比值增加了 9.6 个百分点。

（3）2020 年，河北就业人口中接受高等教育的比例仅为 19.4%，比北京少 43.6 个百分点，比天津少 22.6 个百分点；5 年间增幅最大的是高中就业人口，其比值增加了 4.1 个百分点，其次是本科和专科学历的就业人口。

表 2-2-4 2016—2020 年北京就业人口受教育程度抽样调查结果

（单位：百分比）

年份	2016	2017	2018	2019	2020	累计增幅
未上学	0.2	0.1	0.2	0.2	0.2	0
小学	2.4	2.3	2.7	1.9	1.9	-0.5
初中	22.0	20.7	19.9	17.4	18.2	-3.8

① 国家统计局人口和就业统计司编．中国人口和就业统计年鉴 2021[M]．北京：中国统计出版社，2021．

续表

年份	2016	2017	2018	2019	2020	累计增幅
高中	12.1	12.5	11.8	18.3	16.8	4.7
专科	19.7	18.2	17.9	21.5	19.2	-0.5
本科	27.6	30.4	31.6	31.1	33.5	5.9
研究生及以上	6.8	7.2	7.9	9.6	10.3	3.5

表 2-2-5　2016—2020 年天津就业人口受教育程度抽样调查结果

（单位：百分比）

年份	**2016**	**2017**	**2018**	**2019**	**2020**	**累计增幅**
未上学	0.5	0.4	0.5	0.4	0.3	**-0.2**
小学	**8.5**	**7.1**	**6.8**	6.0	5.6	**-2.9**
初中	33.7	34.5	31.8	29.6	31.4	**-2.3**
高中	11.3	11.8	9.7	20.9	20.9	**9.6**
专科	14.5	13.6	14.1	17.7	16.8	**2.3**
本科	17.6	18.7	21.8	22.0	22.2	**4.6**
研究生及以上	2.2	2.3	2.5	3.5	3.0	**0.8**

表 2-2-6　2016—2020 年河北就业人口受教育程度抽样调查结果

（单位：百分比）

年份	2016	2017	2018	2019	2020	累计增幅
未上学	1.1	0.9	1.0	1.0	1.3	0.2
小学	12.9	12.3	11.7	12.4	11.9	-1
初中	50.4	49.8	50.5	49.0	50.4	0
高中	12.8	13.5	13.0	18.9	16.9	4.1
专科	9.5	9.8	10.1	10.8	10.5	1
本科	6.2	6.2	6.8	7.1	8.2	2
研究生及以上	0.5	0.5	0.6	0.8	0.7	0.2

由上述可见，相比较北京和天津，河北有更大的高等教育普及需求，特别是在《京津冀协同发展规划纲要》出台后，河北的经济建设需要更多的应用型人才，学历继续教育在河北会有更加广阔的市场，河北将成为京津冀高校继续教育服务的重点地区。而对于北京和天津来说，在高等教育就业人口比例相对较高的背景下，需要进一步提升学历继续教育的人才培养结构和质量，以适应京津地区的产

业结构调整，服务京津地区的经济社会发展。

（二）京津冀地区学历继续教育本地新增潜在生源

从2015—2020年北京普通高中毕业生、中等职业教育毕业生人数与普通高等教育招生人数情况（图2-2-5）、天津普通高中毕业生、中等职业教育毕业生人数与普通高等教育招生人数情况（图2-2-6）和河北普通高中毕业生、中等职业教育毕业生人数与普通高等教育招生人数情况（图2-2-7）[①]可以看出，北京和天津的普通高等教育招生人数都远远超过了当地普通高中和中职毕业生的数量之和。虽然普通高等教育是面向全国招生，但是各地区高校对本地招生均有一定人数上倾斜，因此，京津两地的本地适龄人口接受普通高等教育的机会相对较多，而需要通过学历继续教育进行学历补偿的需求并不突出。与京津地区相比，河北的普通高中和中职毕业生人数之和则远远超过当地普通高等教育的招生数，2015—2020年，河北普通高中和中职毕业生人数之和与普通高等教育招生数二者的差值平均每年约为40万人，也就是说，每年约有几十万拥有高中或中职文凭的毕业生进入就业市场，新增的这些劳动力人口很多将陆续成为有学历继续教育潜在需求的在职人员，他们将是学历继续教育发展的重要对象。

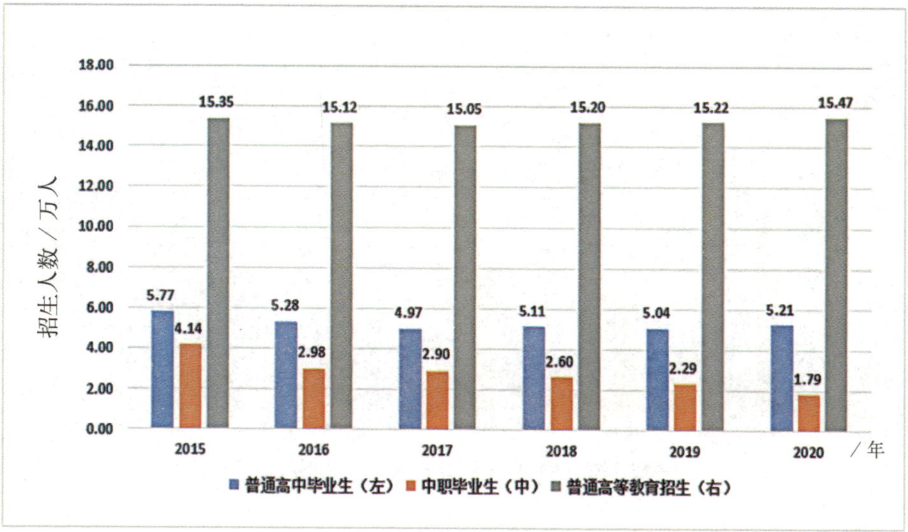

图2-2-5　2015—2020年北京普通高中毕业生、

① 中华人民共和国教育部．教育统计数据[EB/OL].（2022-12-30）[2023-03-14].http：//www.moe.gov.cn/jyb_sjzl/moe_560/2021/gedi/.

中等职业教育毕业生人数与普通高等教育招生人数情况

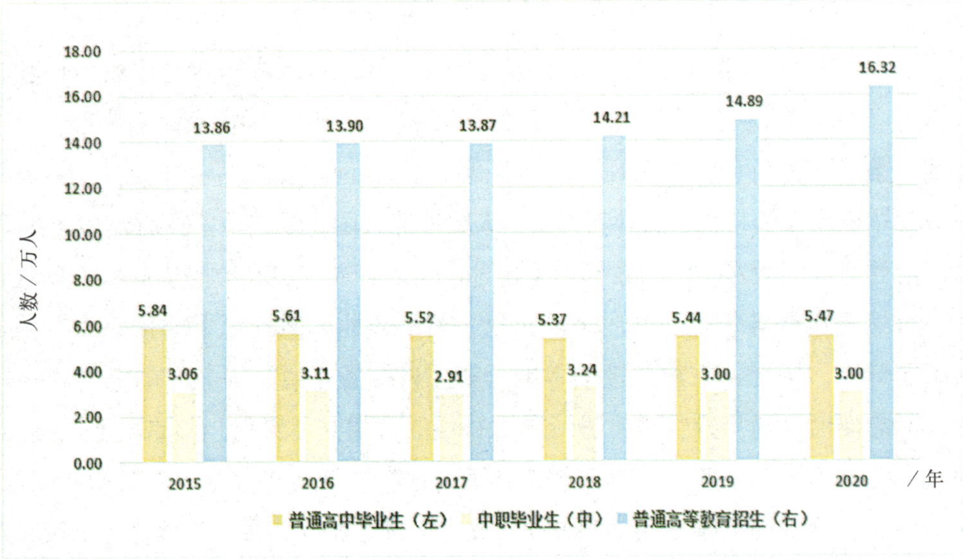

图 2-2-6　2015—2020 年天津普通高中毕业生、

中等职业教育毕业生人数与普通高等教育招生人数情况

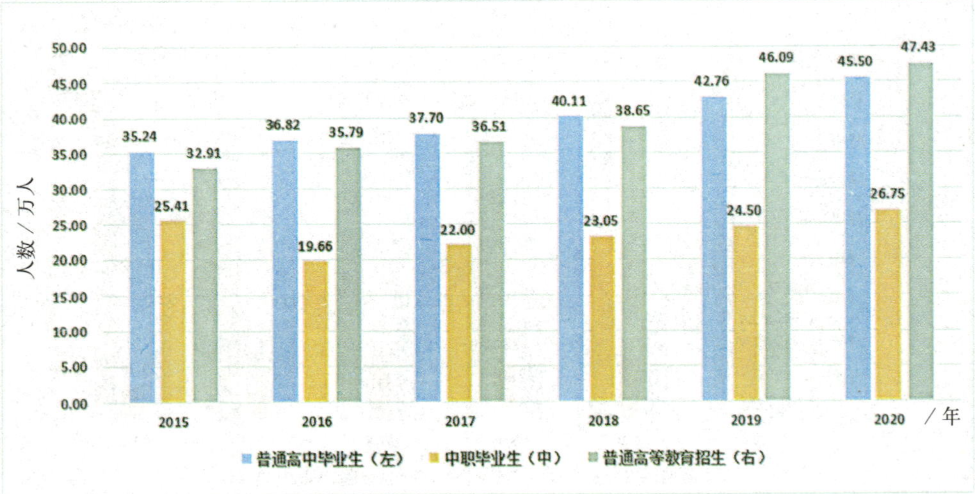

图 2-2-7　2015—2020 年河北普通高中毕业生、

中等职业教育毕业生人数与普通高等教育招生人数情况

2015—2020 年京津冀地区普通高中毕业生、中等职业教育毕业生人数与普通高等教育招生总人数情况如图 2-2-8 所示①，可以看出，从京津冀地区总体情况来看，2015—2020 年普通高中和中职毕业生人数之和与普通高等教育招生数二者的差值基本呈现逐渐缩小的变化趋势，也就是说，进入就业市场的高中或中职毕业生人数正在减少。由此可见，京津冀地区在可预见的未来一段时间内有专科和本科学历继续教育潜在需求的新增人员数量正在逐步萎缩，2020 年已经缩小到只有 8.5 万人。不过北京还有大量的外来人口流入，京津冀一体化后，会有很大一部分需要学历补偿的外来人口被疏解到天津和河北地区，这对于三地的高校学历继续教育也是一个新的契机。

图 2-2-8　2015—2020 年京津冀地区普通高中毕业生、

中等职业教育毕业生人数与普通高等教育招生总人数情况

综上所述，对于京津冀地区的高校学历继续教育发展来说，可以说是机遇与挑战并存，机遇在于国家对京津冀地区的区域整体规划更加明确，京津冀地区高校可以更有针对性地进行资源整合，并最大限度地进行合理的资源布局。挑战在于京津冀三地高校发展不平衡，水平差异较大，而学历继续教育的潜在生源规模又在不断缩小。在这种大背景下，京津冀地区高校学历继续教育必须分层、分类地发展，一方面保证现有的人群仍能有学历提升的渠道，另一方面也要开拓新的

① 中华人民共和国教育部．教育统计数据[EB/OL]．(2022-12-28) [2023-03-14].http：//www.moe.gov.cn/jyb_sjzl/moe_560/2021/gedi/.

空间，充分发挥一流高校的优势，满足高端人群职业方向转换和新专业知识积累的新需要。京津冀三地高校需要建立起有机的联系，整合资源、协调发展。

第三节　新常态下我国高校学历继续教育发展面临的问题

高校是开展继续教育的骨干力量，高校继续教育为我国社会主义现代化建设事业培养了大批人才。随着时代的不断发展，高校继续教育的功能开始发生变化，一方面，以往高校继续教育发展中积累的问题开始暴露，另一方面，经济进步、互联网技术进步以及国家宏观政策和发展规划的变化都对高校继续教育提出了新的要求。本书从高校继续教育的战略思考、功能定位、体制机制、质量管理、开放共享等多个维度，对高校继续教育特别是学历继续教育发展面临的主要问题进行分析概括。

一、高校继续教育发展缺乏战略性思考

目前，我国普通高等教育正从大众化阶段向普及化阶段过渡，而以学历补偿为主要功能的高校继续教育是在高等教育没有实现大众化之前产生的，主要是对当时高等教育供给明显不足的一个补充。随着普通高等教育毛入学率的大幅度提升，预示着未来需要进行学历补偿的在职人员数量在逐渐减少，高校继续教育大规模的学历补偿任务将基本结束。然而，当前各类学历继续教育却仍在延续着历史形成的一贯定位和发展方式进行，整个继续教育系统普遍缺乏战略性思考，对继续教育何去何从比较茫然。

（一）继续教育对新形势下经济社会发展、技术变革带来的人才需求变化应对不够及时和准确

就高校继续教育而言，市场价值取向对其发展的影响越来越大。如何变革继续教育发展模式，提高办学水平，满足经济社会发展和技术变革对人才的需求是高校继续教育肩负的重要历史使命。当前，我国经济社会正在着力推进供给侧结构性改革，传统经济转型升级面临着人才结构困境，这就对继续教育领域提出了创新教育发展模式、优化人才培养结构的要求。与此同时，随着第三次技术革命

的深入，互联网等新媒体新技术不断发展变革，教育技术得到迅猛发展，移动学习、混合式学习变得越来越普遍，高校继续教育需要顺应技术变革带来的新要求，加强自身供给侧结构性改革，探索新型继续教育供给方式。但是现行的供给方式仍以学历补偿为目标，并没有看准经济社会发展、技术变革对人才需求的变化，更没有针对这种变化很好地思考应该提供什么样的服务，可以说整体上严重滞后于互联网时代经济社会的发展，在培养模式、培养目标、培养质量上都无法很好地促进广大从业人员为顺应经济社会发展和技术变革需要而更新专业知识，提高工作技能，提升综合能力。

（二）继续教育未能主动应对高等教育大众化发展带来的挑战

2002 年我国进入高等教育大众化阶段，高等教育毛入学率达到 15%；2015 年高等教育毛入学率已经达到 40%。当前，高等教育面临的主要挑战已经从过去的高等教育资源短缺、上大学难，转变为优质高等教育资源短缺、上好大学难，这是一个主要矛盾的转化。现阶段对高等教育发展的基本要求一方面是高质量，另一方面是多样化，也就是说，高等教育既要满足经济社会发展对高素质人才的需求，还要满足老百姓接受高等教育多样化的需求。但是，我国高等学历继续教育并没有主动应对高等教育大众化发展带来的挑战，仍然沿着以学历补偿为主要功能的老路在走。从学历继续教育的发展规模来看，为了继续保持规模，一方面，成人高等学历教育在不断降低录取分数线，在一些高校成人教育规模锐减甚至停止招生的情况下，全国成人教育总体上还有相当规模：另一方面，一些高校网络教育学生规模已经远超学校全日制学生规模，而且还在盲目扩招。出现这样的情况，说明高校学历继续教育并没有对高等教育大众化带来的冲击有充分的思想认识，而只是被动地适应，并且是滞后的。

（三）继续教育上位政策制度缺失

我国现行的继续教育的基本职能和基本教育形式都是在高等教育大众化之前产生的，有一定的历史合理性，且具有鲜明的中国特色，例如，网络教育以技术手段作为一类学历继续教育的形式而存在，是一件非常特殊的事情。就学历继续教育而言，函授、夜大、网络教育都是业余学习，面向同一类人群，具有同样的培养方向，不同的只是学习的形式，但却实行不一致的政策，造成学历继续教育质量低下和教育秩序混乱的问题。无论是函授、夜大还是网络教育，从国家层面都应该有统一政策，但是并没有，这属于上位政策缺失。而且学历继续教育中的网络教育已试点多年，这个试点的帽子要戴多久？目前仍然没有结论。2014年，国务院取消“利用互联网实施远程高等学历教育的教育网校审批”，也就是常说的取消网络教育审批权。但对应于此，国家在网络教育招生录取、注册等方面都没有制定相应政策，上位政策是缺位的，所以高校还是不知道如何办，没有参与试点的高校还是无法招生，试点高校有的还在盲目扩大规模。另外，目前的学历继续教育被普遍视为是低层次、低水准的教育形式，有不少高校为了建设“双一流”大学，已经或即将停办目前双轨制下的学历继续教育。但绝大多数大学依然认为学历继续教育是大学的责任，办好学历继续教育关键是怎么引导不同层次大学（如央属普通高校、地方普通高校、高职院校独立设置成人高校）进行分类发展，而这方面的国家政策目前也是缺失的。

二、高校对继续教育的职责定位不合理

高校对继续教育的职责定位直接影响继续教育人才培养的质量。在经济发展新常态的背景下，如何从高校整体定位出发对继续教育进行全面系统的顶层设计和规划，是高校发展不可忽视的重要环节。高校不能把继续教育仅仅看作是一种创收工具，也不能看作是可有可无的部分，而是要发展与其社会声誉和地位相匹配的继续教育，满足人才发展的多样化需求。

（一）继续教育定位问题

由于国家对高校继续教育没有直接给以经费投入（如生均教育事业经费、公共财政预算公用经费等），很多高校将继续教育定位为创收工具。一些高校为了追求规模效益，往往忽视继续教育人才培养的质量，陷入“门槛低—生源质量差—人才培养质量差—社会声誉低”的恶性循环。特别是一些网络教育试点高校，盲目扩大办学规模，严重影响了继续教育人才培养质量。此外，由于成人学历教育的学费长期处于低水平（不及普通高等教育学费的一半），随着学历继续教育生源数量的逐步下降，近年来一些知名高校陆续退出成人学历教育，而转向非学历教育市场。这种简单的退出行为，固然有非学历教育需求发展迅速的原因，但从

一个侧面却反映出了高校对学历继续教育的态度不够积极，并没有真正将学历继续教育视为高校应尽的职责。我国高校对继续教育的定位和导向是不太合理的，这对大学的声誉、对继续教育事业的整体发展都是极其不利的。

三、“多轨制”学历继续教育导致管理上条块分割

受历史原因的影响，我国现行的高校继续教育类型多样，仅学历继续教育就包含成人教育（包括函授、夜大、成人脱产）、网络教育、开放教育、自考等类型，这些种类构成了富有中国特色的“多轨制”学历继续教育体系。且不说与普通高等教育是不同轨、不同标准的，单就学历继续教育而言，这种多轨制、多标准的学历继续教育在各自发展过程中逐渐形成了各具特点的管理体制，各管理体制之间基本上是条块分割、各自为政的。当前，无论是国家层面还是地方层面，都还没有实现对各类学历继续教育的统一管理。

（一）管理体制复杂，效能有待提高

随着我国“多轨制”学历继续教育的发展，逐渐产生了复杂多元的管理体制。以北京成人高等学历教育为例，北京市央属高校的成人高等学历教育招生计划的编制由教育部高校学生司负责，招生报名和考试由北京市教育考试院负责，学籍管理由北京市教委学生处负责教学质量监控，教学站点评估等事宜由北京市教委高教处负责。再以网络教育为例，学籍管理需要对接全国网络教育招生阳光服务平台，统考事宜则由全国高校网络教育考试委员会办公室负责，学费标准核定和质量监控由北京市教委高教处负责。可见，单一的学历继续教育类型涉及的管理部门已层级复杂、种类繁多，更何况不同的学历继续教育类型各自有不同的管理体制。这种多层级、多线程的管理体制，一定程度上降低了学历继续教育的管理效能，也限制了学校办学自主权的发挥。虽然继续教育的管理模式是由各个高校自行确定的，但是从长远发展的角度来说，当前以管办合一为主的高校继续教育管理模式不利于形成完善的继续教育质量保障和监督机制，也不利于继续教育质量的提升。

（二）缺乏统一有效的沟通衔接机制

我国“多轨制”学历继续教育采取不同的注册方式、不同的培养标准、不同

的学历类型，所培养的学生不具有同等的见闻能力，不具有同等的发展基础，不具有同等的待遇水平，这种发展模式是不可持续的。不同类型学历继续教育之间没有统一有效的沟通衔接机制，同一学历继续教育类型的课程学分在不同高校之间也没有成熟的互通互认机制，这无助于打通继续教育和终身学习的通道，使搭建终身学习的“立交桥”的目标无法落地。多种学历继续教育自成体系互相之间缺乏沟通衔接机制的现状，已经阻碍了高校继续教育的长远发展。因此，要打破“多轨制”下不同学历继续教育之间的制度壁垒，建立各类学历继续教育沟通衔接的有效机制，无论是从国家对继续教育发展需要层面，还是从高校继续教育自身发展层面，都已迫在眉睫。

（三）尚未形成规范统一的质量保证体系和监督机制

继续教育质量保证标准是一切质量保证工作的基础。质量保证标准一方面可以规范学校的办学行为，指导办学方向，强化学校质量自律；另一方面还可以使政府在管理中明确方向，定期开展监督评估工作。继续教育质量保证体系需要解决的一个核心问题就是建立一套符合中国实际的质量保证标准。就我国学历继续教育而言，虽然在培养方案、课程设置和教材选用等方面很大程度上仍参照普通高等教育相关专业的培养体系，但是继续教育并没有形成像普通高等教育那样相对成熟规范的质量保证体系和监督机制，监管方式也主要以行政手段为主，缺少第三方和社会力量的参与，没有建立有效机制对高校继续教育进行监督和评估。另外，学历继续教育多种类型并存，各自内部的质量保证体系参差不齐，社会认可度差异较大。加强规范统一的高校继续教育质量保证体系和监督机制建设是高校继续教育亟待解决的问题之一。

四、高校学历继续教育面临质量危机

高校学历继续教育质量的高低受多种因素的影响和制约，其中生源质量和教育服务提供的质量尤为重要。教育服务提供的质量主要取决于学校办学理念、教师素质、办学条件和教学管理水平。由于没有直接的经费投入，因此学费收入成了高校支撑学历继续教育运行的唯一经费来源，学费收入的高低一定程度上决定了高校对学历继续教育资源投入的优劣多寡，进而影响继续教育服务提供的质量。

当前，北京高校学历继续教育既面临生源质量下滑、管理不够规范等问题，还饱受学费收入整体上入不敷出的困扰，可谓危机重重。

（一）学历继续教育生源质量问题

生源质量控制是人才培养质量控制的入口环节。在各类学历继续教育中，成人高等学历教育需要通过统一考试入学。进入 21 世纪以来，由于生源市场竞争加剧并伴随生源数量的萎缩，成人高等学历教育的录取率越来越高。与成人高等学历教育采取统一考试入学不同，学历继续教育中的网络教育没有统一的入学考试，是由学校自主组织入学考试。随着近年来网络教育的大规模扩张，其生源质量更加堪忧。由此可以看出，对于北京高校而言，学历继续教育生源质量整体水平低下。

（二）学历继续教育人才培养质量问题

高等教育机构对于继续教育的人才培养质量，存在着令人担忧的问题。为了追求规模效益，许多高校在专业设置上采取了盲目跟风的策略，放弃了自身专业优势，开设了热门专业。然而，这些高校所提供的专业培养方案多为全日制普通高等教育相应专业培养方案的缩减版或降低版，无法真正满足成人在职学习者的学习需求。由于经费不足的限制，许多高校不得不聘请研究生来完成学历继续教育的教学任务，尽管各校对所聘请的研究生进行了一定的筛选，但由于缺乏足够的师资保障，整体教学质量仍无法与早期的成人高等学历教育相媲美，从而出现了下滑的情况。从出口管理来看，网络教育毕业生需要参加全国高校网络教育考试委员会办公室组织的统考科目考试，并完成毕业论文；而成人高等学历教育的学生只需要通过各高校自行组织的课程考试即可毕业；各类学历继续教育毕业生要获得学位，必须通过成人学位外语三级考试。可见，不同类型学历继续教育的出口管理要求是不一致的，这种差异也会在一定程度上影响学历继续教育的人才培养质量，甚至出现质量下滑的风险。

（三）与高校社会声誉地位的匹配问题

全国的高等教育机构种类繁多，其办学水平、社会声誉和地位各不相同，呈现出多样化的特点。在普通高等教育领域，这种差异可以在多个方面显现，包括但不限于高考录取标准、不同高校和专业人才在就业市场上的认可度等。因此，对于这些差异的研究可以为我国高等学校制定相关政策提供依据。作为高等教育机构人才培养和社会服务的重要组成部分，学历继续教育应当具备反映高校教育水平、社会声誉和地位差异的能力。然而，实际情况却呈现出一种“大一统”的状态，即不同高校学历继续教育之间的差异微乎其微。在高等教育机构中，无论学历水平如何，人们接受继续教育的门槛几乎相同。其次，尽管各高校学历继续教育培养的人才在就业市场中的认可度存在一定差异，但总体而言，它们之间的差异并不显著。根据调查结果，许多用人单位认为，不同高校所培养的全日制普通高等教育人才之间存在显著的差异，这反映了高校人才培养质量和办学水平的不同，而不同高校所培养的各类学历继续教育人才之间的差异则相对较小，这使得用人单位无法通过高校的社会声誉来区分不同高校学历继续教育人才的水平。因此，许多雇主在招聘过程中采用了一种“一刀切”的方式，即对各种学历进行继续教育。

（四）学历继续教育的学费问题

高校学历继续教育的运行不同于普通高等教育，国家没有给以直接的经费投入。目前，绝大多数高校没有把学历继续教育统筹到学校人才培养计划之列，也没有专项经费支持，因此学费收入成了高校学历继续教育唯一的经费来源。学历继续教育事实上成了一种市场行为，但它却没有形成市场化的经费运行机制，学历继续教育的收费要遵守地方政府的严格规定，任何高校不能逾越红线。从全国范围来看，成人高等学历教育的学费标准普遍偏低，一般在 1 200～4 800 元／学年，不少省份的学费标准不高于 2 000 元／学年，有些省份的学费标准甚至是物价管理部门在 20 世纪末制订的，并一直沿用至今。网络学历教育通常是按学分收费，每学分收费标准一般在 60～180 元，不同学校不同办学层次、同一学校在不同地区的收费标准均会有一定的差异，但是总体上网络学历教育要高于成人高等学历教育的收费标准。相对于高校继续教育的办学和人力成本，倘若没有一定的办学规模做保障，高校很难在学历继续教育领域中立足和生存。加之近年来学历继续教育潜在生源规模下滑，各高校之间的生源抢夺战便异常激烈。网络学历教育由于具有天然的规模优势，再加上网络教育的入学考试门槛较低，仍保持一定的增长势头，但却对成人高等学历教育、自学考试造成了一定的挤压。

（五）部分高水平大学退出学历继续教育的问题

随着我国高等教育从普及化向大众化的转变，近年来，越来越多的高水平大学开始将目光聚焦于非学历继续教育市场，甚至有一些高水平大学宣布退出成人高等学历教育、网络学历教育、自考等学历继续教育领域。这对高校学历继续教育的质量保障是非常不利的，一定程度上使学历继续教育质量进一步下降。当前经济社会发展和技术变革对人才提出了更高的需求，其中不乏对学历继续教育的需求，这种更高需求的学历继续教育同样需要高水平大学来提供。其实，高水平大学在建设“双一流”大学的过程中，想要放弃的是目前这种不分梯度、低水准的，在过去特定环境下产生并延续到今天的学历继续教育，而不是应有的学历继续教育本身。因此，一流大学要办一流的继续教育，而且是更加开放和领先的继续教育。可见，随着经济社会的不断发展，社会对学历继续教育的需求会越来越多元化、层次化，这就需要有相应的机构来满足社会的需求，但一定不是所有的高等学校都要满足所有的社会需求，而应该由不同层次的高校来提供不同层次的学历继续教育，以满足相应层次的社会需求，否则就容易出现“打乱仗”“劣币驱逐良币”的情况。

五、继续教育开放与共享程度不够

开放共享是新时期经济社会发展的新理念，也是互联网时代继续教育发展的重要特点。目前，高校继续教育开放共享的步子迈得还不够大，无论是与产业企业的深度融合方面还是与国际社会的接轨方面，以及在继续教育资源共享方面，都还有待进一步加强。

（一）继续教育与产业的融合程度不够，企业的参与度不高

高校继续教育和普通高等教育的人才培养对象有较大差异，参加高校继续教育的大部分为在职人员，工学矛盾突出，而且对技能和应用性知识的需求更高，因此，继续教育的人才培养更应该贴近企业和产业对人才的实际需求。目前，虽有一些高校进行了学历继续教育领域校企合作的尝试，但校企合作规模在整个高校学历继续教育中所占比重很小。进行这类尝试的高校一般都是针对市场和企业

的需求进行定向人才培养的尝试，以解决生源困难的问题。与企业合作的模式也主要是企业提供生源和部分费用，学校提供可供企业选择的相关专业，再按照专业体系的要求进行人才培养。在此过程中，企业参与度并不高，没有形成一种具有创新性、开拓性的校企合作。大规模开展学历继续教育的人才培养模式随着“互联网 +”行动的深入推进，个性化定制已经成为各个领域的普遍要求，如何提升企业的参与度，让产业与继续教育的融合更为紧密，甚至专门针对企业需求提供定制化的人才培养项目，是目前学历继续教育发展要突破的重要问题。另外，高校继续教育在资源建设和技术应用过程中，与企业的合作也不够充分，高校往往更愿意依靠自身力量单打独斗，或者以委托开发的形式借助企业等社会力量提供技术支持服务，而很少采取购买公共服务的方式与企业开展优势互补的合作。也就是说，高校与企业在继续教育协同发展方面依然存在机制或制度上的障碍。

（二）继续教育国际化水平亟待提高

加强继续教育国际交流与合作是时代赋予继续教育的新要求。继续教育国际化是利用国内高校继续教育资源及国外高校教育资源，实现教育资源互补、共享的过程，也是推动继续教育扩大对外开放的过程。由于目前我国高等学历继续教育和全日制普通高等教育是双轨制，这与国际上继续教育与全日制普通高等教育“同质同证”的制度相脱节，不利于继续教育与国际对接。随着网络信息时代的发展，MOOC 课程日渐盛行，在高校 MOOC 运动推动下高等学历继续教育的教学理念、资源设计、学习管理模式等都在发生变化。可以预见，未来的继续教育将超越国界和时间的限制，若仍沿用传统的教学模式，将无法满足未来继续教育的发展需求。高等教育已成为国际竞争力强弱的重要标志之一。若高校未能充分认知到与发达国家在继续教育制度、理念和办学实力方面的差异，并对未来发展方向做出准确判断，将极大地限制继续教育的国际化进程。此外，随着国家“一带一路”倡议的实施，继续教育将要承担越来越多“走出去”的任务，通过继续教育培养的国际化人才，不仅要掌握外语、擅长技术，还要懂得国际管理、了解跨国文化，这对继续教育国际化水平提出更高的要求，也是摆在高校继续教育人才面前的一大挑战。

（三）继续教育资源共享程度不高

我国高校分布不均衡，教育资源也不均衡，比如全国68所网络教育试点高校，只涵盖了19个省份，其中北京就有18所之多，有着较大的地区差异。这些网络教育试点高校在网络教育资源和经验上有优势，继续教育信息化发展走在全国的前列，他们中的大多高校都有自身的在线学习平台，并积累了大量的优质课程资源，是最有条件开展继续教育资源共享的。但是，由于各类高校继续教育的信息化水平参差不齐，资源分配不均衡，大大限制了高校间继续教育资源共享的范围。以北京为例，北京市属普通高校由于没有网络教育试点，继续教育信息化程度相对较低，和学校全日制普通教育“两张皮”，直接影响继续教育资源共享。不仅如此，即便在信息化建设相对领先的网络教育试点高校内部，继续教育资源共享的程度也不尽如人意。本书通过对北京高校继续教育机构进行抽样调查发现，试点高校网络教育普遍独立发展，很少与普通高等教育共享资源，不少高校网络教育和成人教育的平台也是各自独立的，继续教育资源的内部共享程度也不高。可见，不管是在校际还是在学校内部，继续教育资源的共享程度还有待进一步提升。此外，随着国家各项区域协同发展的政策落地，如何推进区域高校联盟，发挥试点高校在继续教育资源和办学经验方面的优势，开展跨省市的继续教育资源共享，为区域协同发展服务也已经被提上议事日程。

通过对高校继续教育面临问题的梳理，不难发现，高校继续教育特别是学历继续教育的改革已经势在必行。新常态下高校继续教育综合改革是一个复杂的系统工程，需要进行科学合理的顶层设计，需要国家配套政策的出台，也需要高校积极主动地尝试和探索，只有找准问题，把好脉，才能有针对性地改进和提高，高校继续教育综合改革任重而道远。

第四节　高等学校非学历教育发展现状及问题

继续教育是我国终身教育体系的重要组成部分，对推动国家经济发展、提高全民素质具有重要作用。非学历教育作为继续教育的主要形式之一，随着经济社会发展而逐渐发展壮大，为继续教育体系健全和多元化办学格局的形成，做出了重要贡献。随着终身学习理念的不断深化，学历教育已逐渐失去了对人们发展需求的充分满足。为了满足人民日益增长的对美好教育的需求，我们必须进行学历继续教育的转型，并积极推进非学历继续教育的发展，这是实现终身教育的必由之路。如何能更好地适应社会发展需要，依据人才学习需求开展非学历继续教育，实现人的全面发展，这既关系到非学历继续教育自身的发展趋势，也关系到终身教育体系和学习型社会的构建。

一、普通高等学校非学历教育的内涵

在《关于普通高等学校举办非学历教育管理暂行规定》中，原国家教育委员会明确指出，非学历教育是指大学后的继续教育以及其他各类培训、进修、辅导，但不包括那些旨在获得高等教育自学考试毕业证书的自学辅导。通常情况下，非学历继续教育的学习时间相对于学历教育而言较为短暂，通常在数天至数月之间，极少超过三个月，而在课程结束后，学员将获得结业证书，但并不会提供学位学历证明。日常生活中，非学历继续教育作为一种继续教育的形式，习惯于被人们称作“培训”，其自身具有继续教育特点，并对此赋予其非学历属性。非学历继续教育的目的为全社会提供终身教育服务，将提升劳动者素质作为目标。知识生产领域的高等教育机构，拥有最新的学术成果与师资力量，并且肩负着人才培养的重任，所以高等教育机构符合非学历继续教育引领者的要求。继续教育是培养高素质人才的重要手段，也是推动社会经济发展的重要途径之一。我国普通高校的非学历继续教育体系由继续教育学院、网络教育学院及普通高校的专业院系构成。我国普通高校所提供的非学历继续教育培训，旨在为在职人员提供一种与成人学历教育和网络学历教育不同的学习方式，其培训结束后不授予学历学位。

（一）学习形式

非学历教育的学习方式可以是脱产的，也可以是业余的。非学历教育不得与学历教育混淆、衔接。

（二）管理方式

学校成人教育部门或专门机构负责统筹管理普通高校的非学历教育事务。非学历教育不得由二级学院、系、处以及其他学校机构以各自名义自行举办或与外部单位合作。学员完成学业并通过考核后，学校成人教育机构（如未设立成人教育管理机构，则由学校教务处颁发）将颁发结业证明，并建立专门档案。

二、普通高等学校非学历教育发展现状

普通高等教育机构提供的非学历继续教育项目包括研究生课程进修班、自考助学班、普通预科生班、进修及各类企事业培训等，其中自考助学班的资格与岗位证书培训结业班的注册生人数占据了相当大的比例。总体而言，当前高校非学历继续教育的迅速，其培训规模和质量喜忧参半；面向社区开展继续教育方兴未艾，从实验转向深入推进；各类技能型、证书类培训吸引力有所增强，但培训参与率还有待提高。

随着国家教育主管部门和普通高校对非学历继续教育的日益重视，培训市场和规模不断扩大，导致高校非学历继续教育的结业生数和注册生数持续稳定增长。此外，高等教育机构在非学历领域的继续教育活动不断升温，其办学重心逐渐向该领域倾斜和发展，但同时也必须认识到，高校非学历培训总量在整个非学历教育培训市场中所占比例微不足道。由于非学历培训主要由高等教育培训、中等职业教育培训两部分构成，中等职业教育培训人数明显下滑，培训量不足，虽然高校非学历培训数量保持增长，但因其所占比例较小，导致非学历教育培训在总结业生数、总注册生数两个指标上都呈缓慢下降的态势。可见，非学历培训市场需求已经逐渐由初级层次培训向高层次培训转移，普通高校在非学历继续教育领域的发展空间较大。

（一）我国高校非学历继续教育发展基本情况

在继续教育的实施过程中，学历继续教育占据主导地位，而非学历继续教育则处于次要地位。据 2010 年全国教育事业发展统计公报记载，全国高等教育自学考试学历教育的报考人数高达 965 万人，而非学历教育的报考人数仅为 332.89 万，其他形式的学历继续教育则未被纳入统计范围。2011 年，全国有 922.67 万名考生报考自学考试学历教育，非学历考生为 405.14 万，不足自学考试学历教育总数的一半。近年来，越来越多的人开始认识到，非学历继续教育在个人成长和发展中扮演着不可或缺的角色。《国家中长期教育改革和发展规划纲要（2010—2020 年）》中指出要“更新继续教育观念，加大投入力度，以加强人力资源能力

建设为核心，大力发展非学历继续教育，稳步发展学历继续教育”，[①] 非学历继续教育的重要性得到了国家肯定。相比于以前，如今我国非学历继续教育已经取得了巨大的进步，2017 年 9 月 28 日教育部数据显示：2016 年，全国高等学历继续教育在学人数共计 1 229.3 万人，接受各种非学历高等教育的学生 863 万人次，比 2012 年增长了 1.2 倍。随着时间的推移，参与非学历继续教育的人数不断攀升，队伍规模不断扩大，蓬勃发展的势头也与日俱增。

知识经济的崛起使人们对于学历教育的追求受到了冲击，这也为非学历教育的发展带来了前所未有的机遇。随着 21 世纪知识经济时代的全面到来，人们已经不再单纯地追求学历，而是开始追求实实在在的知识，这也是建设学习型社会和实现终身教育的迫切需求提供了条件，同时也为非学历成为人们关注的焦点提供了条件。随着中国各领域的迅猛发展，在职人员迫切需要学习最新的知识和技能，以获取更具实用性的知识来解决具体问题，从而提升自身的岗位能力。然而，由于职业原因，在职人员无法像在校学生那样拥有足够的时间和精力去学习实用的知识，因此他们必须在较短的时间内高效地分散学习，而非学历继续教育恰好满足了这种需求。非学历继续教育的理念已经超越了单纯追求文凭的陈旧思维，而是注重培养学生的先进知识、专业技能和岗位能力，采用灵活的办学模式，以减轻时间和地点的限制，因此受到了更广泛的关注和欢迎。

大学扩招为非学历继续教育提供了发展的契机。1999 年，教育部发布了《面向 21 世纪教育振兴行动计划》，旨在解放高等教育的精英教育思想，扩大普通高校本专科院校的招生规模，以培养更多高素质的人才。其不仅招生人数增加了，高校的数量也增加了，截止 2021 年，据国家统计局统计，我国高校一共 3 197 所，普通的高等学校，包括 164 所独立学院在内，一共 2 941 所，剩下的 256 所是成人高等学校。[②] 因此，获得学历已不再是一个难以实现的梦想，继续教育对学历的弥补作用也逐渐减弱，为了打破这一僵局，继续教育开始加强对非学历教育的发展，以寻求新的发展途径。继续教育的新增长点已经转向了非学历领域。

① 中华人民共和国中央人民政府．国家中长期教育改革和发展规划纲要（2010-2020 年）[EB/OL].（2010-07-29）[2023-03-18].https：//www.gov.cn/jrzg/2010-07/29/content_1667143.htm.

② 中华人民共和国教育部 .2021 年高等教育学校（机构）数 [EB/OL].（2022-12-30）[2023-03-16].http：//www.moe.gov.cn/jyb_sjzl/moe_560/2021/quanguo/202301/t20230104_1038056.html.

在非学历继续教育快速发展的大背景下，高等教育机构的非学历继续教育已成为其不可或缺的重要组成部分，并取得了显著的进展。1985 年，清华大学率先引领了我国高校非学历继续教育的浪潮，成为我国第一个将继续教育正规化的学院，标志着普通高校继续教育正式起步。2002 年，清华大学开始了继续教育的转型，率先退出成人高等学历教育，并将其投入非学历教育培训中，通过打造精品课程和开展高端培训，获得了巨大的成功。截止 2004 年，清华大学已成功举办了 842 个多样化的培训班，涵盖了 3.5 万名学员的培训；截止 2010 年，共举办 2 557 个不同类型的培训班，这些班级共招收了 10.1 万名学生。在清华大学的引领下，我国高等教育领域的非学历继续教育呈现蓬勃发展之势，越来越多的人积极参与其中。根据中国教育年鉴的数据，2004 年全国高校举办的各类非学历继续教育结业人数达到了 318.4 万，而到了 2008 年，这一数字已经攀升至 437.94 万。为了更好地满足学生的需求，高校提供了多种形式的非学历继续教育，涵盖了多个学科领域，包括但不限于人民大学研修班，其内容不仅包括热门的工商管理类、经济金融类、国学艺术类等学科，还包括房地产类、女性素养类等较为冷门的领域，具有广泛的包容性。

（二）我国高校非学历继续教育质量存在的问题

1. 学生知识结构更新有欠缺

首先，国内高等教育机构的非学历继续教育难以满足学生日益增长的知识需求，导致学生的知识结构和能力跟不上时代的步伐。由于高校非学历继续教育的学生已取得了一定的学历，所以必须具备真正先进知识和技术的人才会获得认可，这也对高校非学历继续教育提出了更为苛刻的要求。然而，当前我国高等教育机构在非学历继续教育方面的知识更新和内容创设方面仍存在不足之处。某些高等学府并未设立专门的培训课程项目研发团队，导致缺乏具备一线知识和掌握教育原理的专业人才，这也是非学历继续教育领域的一个普遍问题。当前，我国高等教育机构在优化和更新学生知识结构方面面临着巨大的挑战。

其次，我国高等教育机构未能全面更新学生的知识结构，导致非学历教育的覆盖范围不足。高等院校的非学历继续教育需要通过培训来更新学生的知识结构，学生的知识结构通常是由多个方面构成的，因此高校非学历继续教育对知识的更新也应该是多方面的。高校非学历继续教育的目标不止是培养学生实用技能和知识，同时要培养具备全面发展、承担社会责任、维护环境稳定的高素质人才。因此，在更新学生的知识结构时，需要扩展成人学生的专业技能和知识，同时向学生传授社会责任和法律方面的知识。高等教育机构应当肩负起一定的社会责任，将环境保护、人文关怀、法律知识等内容渗透到非学历继续教育中，这些内容在学习过程中，应传递给学生，帮助他们在培训结束后重新审视工作，逐渐使整个企业不再只追求生产，而是追求法制、和谐和长期发展。

2. 培训项目设计特色不鲜明

在当前的非学历继续教育市场中，普遍存在着盲目跟风的现象，而高校的非学历继续教育也不例外，它们同样受到市场的驱动，会根据项目的热度来开展相应的业务。然而，这类计划的寿命通常较短，难以实现长期的可持续发展。随着时代的变迁，该项目的吸引力逐渐减弱，导致其生源短缺，最终走向了被淘汰的命运。高校非学历继续教育的专业特色无法得到充分体现，因为盲目追逐市场不仅会浪费资源和精力，还会妨碍人才培养。

高等教育机构的非学历继续教育培训计划缺乏独特之处，主要体现在以下两个方面。

首先，我们需要明确的是，我们的培训项目并未以本校的特色或优势专业为中心而展开。每个学校都有其独特的专业优势，因此我们不能盲目追逐市场，而应该根据自身特色进行选择。某高等学府以其卓越的全日制教育质量和卓越的品牌形象，成为备受瞩目的知名学府，为学生们提供了一系列高端精品课程。凭借其专业优势和行业内的支持，行业特色型高校在掌握自身特色方面取得了一定的成就。因为缺乏本校品牌的支持和行业特色型的缺失，普通高校中存在数量庞大且缺乏特色的群体，这使得我们迫切需要解决没有围绕本校专业进行培训的问题。

其次，缺乏以用人单位特色和岗位特点为中心的培训计划。为了提高职工的岗位能力，参加培训的用人单位需要根据不同的用人单位和岗位的需求，制定相应的非学历继续教育项目。从课程设计的角度来看，高校的非学历继续教育项目可分为横向和纵向两种，其中横向指的是高校自主设计并向社会销售的培训项目，而纵向则是由政府或企事业单位委托开办的订单式培训。高校在开发横向培训项目时，必须进行深入的市场调研，以全面了解用人单位在市场上的需求，从而制定出具有针对性的课程设计，以确保所推出的培训项目能够畅销市场。为了真正满足“顾客需求”，我们需要在培训项目中紧密结合用人单位的特色和岗位特点，以纵向的方式展开培训。由于身处高校的非学历继续教育与社会其他培训机构和企业内部的培训中心不同，其市场敏感度较低，缺乏对用人单位特色和岗位特色的有效控制能力。

3. 教育教学实践能力有待提高

高等教育机构的非学历继续教育存在实践性不足的问题，主要体现在两个方面：一是学生在学习过程中缺乏足够的实践能力；二是教师自身的实践能力也有待提高。

在学习过程中，学生仍然受传统教学的束缚，导致学习内容与实践环节之间缺乏紧密的联系。在大多数高校中，非学历继续教育仍然采用传统的课堂教学模式，以教师为核心，以教材为中心，教学方式单一，教师在课堂上进行知识灌输，而学生则被动地接受教育。在基础教育阶段，青少年学生可采用这种方式，因为他们的知识储备有限，经验不足，需要从老师那里获取大量基础理论，再进行探讨创新和改革，传统的教学模式则更适合青少年学生的心理规律。然而，非学历继续教育的学生与他们不同，因为他们已经获得了学历，这表明他们已经具备了丰富的知识储备和工作、生活和工作经验，因此需要采用更加灵活多样的方式，让他们在现有基础上进行创新和变革，以获得更深层次的知识和技能。采用传统的教育方式对他们进行教育，必然会出现重复训练，同时也会与成年人的心理特征产生不协调。学生的实践能力培养受到教师实践能力的直接影响，然而，许多非学历继续教育教师在实践能力方面存在不足之处。

（三）我国高校非学历继续教育质量问题出现的原因

1. 对非学历继续教育定位存在问题

高校非学历继续教育的定位是指其在普通高校中的地位和作用，准确的定位是高校非学历继续教育发展的基石，若对其定位认知不够明晰，那么其质量也将无从谈及。我国高等教育机构在定位非学历继续教育方面存在三个主要问题。一是在普通高校中，全日制本科教育和研究生教育占据主导地位，而非全日制、非学历的继续教育并未得到足够的重视，因此对于非学历继续教育的定位问题，人们并不愿意花费时间进行商讨。二是由于非学历继续教育的复杂性，其教学形式多种多样，涉及的学员来源广泛，参与其中的利益主体众多，因此很难给出一个精准的定位。三是非学历继续教育的开办时间相对较短，甚至有些高校的非学历继续教育还处于起步或探索阶段，处于整个学校的边缘地位，因此许多高校未能充分认识到其定位。

许多高等教育机构过于强调非学历继续教育的功利性，将其仅仅视为一种盈利手段，而未将其纳入学校的人才培养体系之中。高等院校掀起了一股非学历继续教育的浪潮，这是因为他们看到了清华大学开设非学历继续教育所带来的巨额产值，被其利益所吸引，于是纷纷开设了非学历继续教育，以期获得更多的利润。我国高等教育机构将非学历继续教育视为一项创收项目，这是因为在开办该项目时，高校过于强调其市场属性，而忽视了其教育价值。高校在对非学历继续教育进行定位时，常常只关注产值的多少，而忽视了质量的高低，这导致了最终评价的偏差。尽管高校非学历继续教育具有明显的市场性和参与市场竞争的潜力，但由于其巨大的收益，高校在开办该领域时过于强调市场导向性，盲目追求产值，这不仅不利于高校非学历继续教育的可持续发展，也违背了初衷。高等教育机构所提供的非学历继续教育，是一项旨在培养人才的重要活动，必须追求卓越的教育理念，肩负着传承知识和服务社会的使命，潘懋元在《教育的基本规律及其相互关系》中提到："教育必须与社会发展相适应，必须受一定社会的政治、经济、文化所制约，并为一定社会的政治、经济、文化的发展服务"。[①] 相较于其他非学历继续教育机构，高校非学历继续教育的独特之处在于其要根植于高校，不应仅以自身利益为唯一目标，这与社会上其他培训机构形成了鲜明的对比。为了实现可持续发展并为国家和社会输送更多优秀人才，我们必须纠正高校非学历继续教育中以企业身份要求自身的现象，并将自身定位为学校的一部分，以确保教育质量的要求得到满足。本书并非全面否定高校非学历继续教育的市场属性，而是反对夸大其市场属性的行为。

许多高等教育机构未能明确其非学历继续教育的定位，未能凸显其独特的特色和价值。尽管不同高校在地理位置和学科特点上存在差异，但它们并未因时制宜、因地制宜地对非学历继续教育进行个性化定位。对于不同层次的大学而言，其定位应有所区别。

---

① 潘懋元．教育的基本规律及其相互关系 [J]. 高等教育研究，1988 (3)：1-7.

2. 沿用普通高等教育模式倾向明显

当前高等教育中，非学历继续教育的内容和方法存在严重的模仿现象，甚至直接照搬照抄，本应在内容与方法方面满足学生成人化的需求。然而，却以学科为中心，导致理论与实践学习比例不合理，传统教学方法仍然被视为主要的教学方式。许多高等教育机构在非学历继续教育方面采用了与普通高等教育相同的教材和教师群体，缺乏个性化的教学方案。在授课方式方面，仍然采用传统的课堂模式，教师在主讲台上授课，学生则在讲台下听课，这与普通高等教育的教学方式相同。在正式开课之前，许多高校都会进行素质拓展，以激发学生的学习热情，培养团队合作精神。我国的传统教育模式源远流长，自孔子时期起，人们就一直采用教师讲授、学生听讲的方式，这种模式已经固化了大众的思维，因此在非学历继续教育中，传统教育模式自然而然地被采用。此外，传统的普通本科教育模式在高校中仍然占据主导地位，因此在开办非学历继续教育时，高校往往简单地套用普通教育模式，未能充分考虑到非学历继续教育的独特性。高等教育中，非学历继续教育的受众具有独特的社会角色，他们的学习过程以生活为中心，必须能够解决现实生活中的问题。因此，非学历继续教育的目标是将学生培养成为管理型、实用性人才，提高他们在岗位上的胜任能力。高校非学历继续教育的显著特征在于将理论知识与实践技能紧密融合，形成了一种无缝衔接的教育模式。高校非学历继续教育质量的提升需要以学生为中心，积极创新，扭转普教化的倾向，加强培养师生的实践能力，因为普教化的倾向限制了非学历继续教育模式的创新和学生对实践能力的锻炼。

3. 质量管理当中缺乏有效质量监控

高等教育机构的非学历继续教育质量问题凸显，这与其质量管理不善、缺乏有效的质量监控密不可分。首先，在高校非学历继续教育中，由于没有明确的质量标准，所以以质量标准为基础的质量监控和质量评价缺乏明确的规范，这严重影响了质量管理的有效性，使得质量监控的方向变得模糊不清。其次，高等教育机构在非学历继续教育方面缺乏全面的质量管理理念，未能对所有相关人员和整个过程进行有效的管理，从而导致高校非学历继续教育质量管理存在一定的片面性。再次，许多高等教育机构对于非学历继续教育的监管范围相对狭窄，主要集中于教学活动和秩序等明显方面，而对于教学内容和后勤保障等微小方面的监控则被忽视了。最后，高等教育机构对于非学历继续教育的评估主体相对单一，通常以学生、学校和教师为主要评价对象。为了全面评价高校非学历继续教育的学生，必须将用人单位纳入评价主体，因为这些学生大多是在职员工。用人单位对员工在接受培训后继续从事工作的成效进行评估，以判断其是否在职业能力和岗位胜任能力方面得到了提升，并提出建议和意见，为高校非学历继续教育的后续发展提供参考。通过有效的质量管理和监控，全面收集质量评价，可以显著提升高校非学历继续教育的水平。

第三章　高校继续教育综合转型研究

本章具体分析了高校继续教育综合转型研究，主要包括高校继续教育转型的理论基础、高校继续教育转型影响力场分析、对高校教育管理工作者的影响、高校继续教育改革的必要性、高校继续教育转型的目标取向和原则和高校继续教育转型的路径。

第一节　高校继续教育转型的理论基础

一、终身学习理论

“终身教育”一词最早是在 1929 年由英国成人教育学者耶克斯利提出来的，其理念兴起于 20 世纪 60 年代末。1965 年，第三届国际成人教育促进会在巴黎举办，主办单位是联合国教科文组织。其间诞生了终身教育思想，这一思想来自法国教育家保罗·朗格朗，他系统地阐述了终身教育的原则。保罗·朗格朗的终身教育概念包括以下个方面。

一是终身教育是一个人从婴儿开始，经历少年、青年、老年直到死亡，这一生所接受的教育。二是终身教育是个人教育和社会教育的统一体。

国际成人委员会对此教育理念表示了充分地认可，联合国教科文组织也给予了充分支持。终身教育作为一种学习活动，是贯穿人一生的教育理念，为人们的终身发展观念提供了有力的引导依据。

社会成员在其人生中的任何阶段都应获取所必备的职业技能与生活知识，并可以应用在所需要的场合中。终身学习具有灵活性、持续性、全民性特点，地方本科高校继续教育可以作为一种重要的载体，利用自身丰富的资源优势吸纳更多社会成员参加正规有效的教育及培训活动。由此可见，终身学习理论是地方本科高校继续教育转型发展的重要理论支撑。

终身教育，即个体成长过程中持续地学习知识、发展本领。终身教育将人类各个发展阶段的教育有机衔接起来，是社会各种教育形态相互融合的完整系统。

社会发展需要推动终身教育理论的产生与发展。在地方本科高校开展继续教育的背景下，终身教育理论不但能为地方本科高校提供强有力的理论支持，而且还能成为整个教育体系的重要组成部分。对地方本科高校而言，终身教育有其特殊的性质，它强调不同地区教育的多样性。因而，终身教育理论可为地方本科高校变革与发展继续教育提供理论依据。

二、社会转型理论

当前，社会正处于快速变革与发展的关键阶段，政治、经济与文化之间需要保持协调一致的转型关系，这就需要高校继续教育深入推进变革与创新。深层社会变迁的实质即为社会转型，而高校要想实现对继续教育的变革需求，就应该以社会转型为重要指导理论。

在西方社会功能结构学派看来，社会转型理论是现代化理论中的经典思想。所谓社会转型理论，是指人类社会由传统型社会向现代型社会的过渡，包括社会物质和精神文明方面的过渡，如人类社会由农业社会过渡到工业社会，又由工业社会过渡到知识社会，这就是典型的社会转型表现。

人的知识和技能的创新发展推动着社会结构发生整体变动，进而形成社会转型。社会转型具体涉及社会结构、政策制度和运行机制的不断更新发展。社会转型作为人类社会进步的必然选择，它能使人类在价值观念、生产动力和生活方式等方面产生新的表现，从而使社会结构发生变化，推动社会向现代化方向发展。

从社会转型理论的内涵阐释来看，我国地方本科高校继续教育转型涉及的教育变革，呈现多维度特征。地方本科高校继续教育转型对社会各领域的转型发展与结构变迁具有重要指导意义，因而社会转型理论成为指导高校继续教育转型实践的重要理论依据。

三、人力资本理论

有着“人力资本理论之父”称谓的美国著名经济学家西奥多·舒尔茨于 1960

年发表了题为《人力资本投资》的演讲，他确切地指出，国民经济要想实现持续增长，就必须借助人力资本。主要观点如下。

（1）人力是一种资本，在经济社会发展中，劳动者的知识与技能起到决定性作用。

（2）人力资本需要投资，教育就是众多投资中重要的一类，它提升了人力资本质量，培养了高质量人才。

（3）学校教育和在职培训通过提高人力资源质量水平，有效地促进了社会经济增长。

（4）经济增长中，人力资本的收益远远大于物质资本。

如果从人力资源开发角度展开分析，那么地方本科高校继续教育转型发展受到人力资本理论的影响，体现在以下四个方面。

第一，为实现继续教育的转型发展，地方本科高校必须将办学效益和社会发展效益有机联系起来，以确保二者的同步提升。如今，身处市场经济的浪潮中，地方本科高校在实施继续教育过程中，需要综合考虑服务社会的基本职能，避免产生过于功利化的办学理念，即避免因财务收入而盲目扩大办学规模，将继续教育视为谋求利益的载体。简单来说，地方本科高校要使经济效益与社会效益相融合发展，同社会文化发展要求保持一致。

第二，科学培养受教育者的理论与实践素养，这是地方本科高校推进继续教育转型的目的。也就是说，地方本科高校要满足受教育者接受新知识、学习新技能的需求，最终实现社会效益最大化。

第三，人力是地方本科高校继续教育转型的核心要素，这与我国致力于构建学习型社会、打造人力资源强国的目标相契合。

第四，社会成员是社会转型的实施者，也是终身教育活动的对象。这就要求，地方本科高校必须以人力资本理论为支撑，推动继续教育转型。

地方本科高校继续教育职业培训的本质功能在于积累人力资本，这是高层次职业教育体系建设推动经济社会发展的重要内涵体现。

总之，对于地方本科高校继续教育转型发展而言，人力资本理论（具体包含人力资本质量、人力资本投资以及人力资本与社会发展的相互关系等方面的内容）是坚实的理论支撑。

第二节　高校继续教育转型影响力场分析

高校继续教育在转型过程中无疑会遇到转型的有利因素和不利因素，根据各地具体情况制定适宜的办法，及时制订法律，识别转型时会出现的困难与情况，在推进终身教育向以学习为导向的转型过程中，需要协调各方力量和各种因素的相互作用，以确保高校继续教育不仅具有可转化性，而且能够实现有效的转型和发展。

一、高校继续教育转型过程中的驱动力力场

（一）社会需求的拉动力

当前，我国社会结构变革不断深入推进，这反映在社会学理论中，即为社会转型，这一转型具体涵盖经济方面的根本性转变、科技方面的不断创新发展、政治方面的深刻改革。教育属于社会体系的分支，它与社会体系、社会体系涵盖的分支相互交织、相互渗透，形成一种错综复杂的关系网络。教育服务是社会发展的必然要求，因为教育的发展和变化受到社会的制约和影响，这是社会发展的其中规律。随着社会的不断演变，教育体系，包括高等教育院校继续教育，必然会受到各种因素的影响。高等教育院校继续教育在不断推进自身发展的同时，也在积极探索转型之路，这是时代发展的必然趋势。

1. 从我国经济形态发生根本性的改变来看

自中华人民共和国成立后，以改革开放为转型节点，我国的经济形态发生了根本性变化，即由计划经济体制向市场经济体制转变，从大胆自由的经济增长方式向集中简约的经济增长方式转变。而随着市场经济的不断发展，与社会需求发展不相适应的学科同样在不断地进行调整和缩减，直到最终取消该学科专业招生计划。因此，我国高校继续教育必须适应新时期国家经济发展战略和社会发展需求，逐步推进学术性继续教育发展，积极推进非学术性继续教育发展，大力推进城乡社区教育发展，尤其强调针对农村地区、边远贫困地区、少数民族地区的社会成员，以及条件艰苦的特殊行业群体成员，深入推进继续教育，保证教育公正公平。

2. 从我国科学技术的不断革新方面来看

当今时代，是以知识为主导的经济时代。随着人类可感知的知识量的不断增多，人类社会迎来了一次本质上的巨大跨越。因此，唯有不断汲取新知识，方能唤起时代奋进的呼声。尤其是现代信息技术的主流发展前景，已经转向现代化、网络化和智能化，这不仅对人类的生产生活产生了深远影响，同时也给人类的学习方式带来根本性的改变，即传统的教学方法和教学思想正面临着全新的挑战和彻底的变革。

如今，高校继续教育更加重视利用现代信息技术，传统的教学模式正在发生深刻变革，高校继续教育不再受时空限制，学生也因此具备更为广泛的学习选择空间和时间，并可以形成良好的学习能力。摆脱环境的限制，转而实现更为自主的学习时间和空间，这可以扩大高校继续教育的招生范围、教育范围，由此增加教育效益。可见，现代信息技术在推动高校继续教育发展和高校继续教育转型中发挥着重要作用。

3. 从我国政治体制的改革发展来看

社会主义民主法制社会建设指标具体包含人民自由度高、法制相对健全、社会劳动效率高、人民生活充满生机等，这是我国政治体制改革的终极目标。这一目标的实现不仅可以为经济发展提供有力保障，而且可以为高校继续教育的改革和发展提供有力支撑。当今社会正从传统的伦理社会向法治社会转型。在构建法学理论建设过程中，必须培养涵盖立法、司法和执法监察等相关领域的高素质人才，而这就需要高校继续教育部门不断加强合作。此外，国家法律也要为法治社会建设进程中的高校继续教育提供相应的法律支持。开展高校继续教育法治化进程是保证高校继续教育顺利转型、解决转型后问题的首要条件。

（二）终身教育的牵引力

纵观世界各个国家的经济社会发展情况可知，人力资源与科技进步一直是经济社会发展的主要动力要素。如今，我国社会正处在转型发展关键期，在我国社会主义市场经济日益繁荣、各项体制机制逐步建立健全的背景下，教育这一不可缺少的要素正在逐渐步入市场化的发展大潮中，并已成为推动市场经济向前发展的主要力量。

在竞争日益激烈的今天，注册和毕业的非学历高等教育数量在不断增长，成人高等教育的毕业生数量增长缓慢，说明人们对知识的关注程度高于文凭。现代社会要求高校继续教育对原有的规章制度进行质的变革，创新与完善为市场经济服务的模式。高校继续教育强调终身教育理念，在此情况下，构建学习型社会将以适应现实发展需要、实现教育功能创新、符合终身教育理念为目标，为高校继续教育提供可持续发展和更为广阔的空间。

（三）教育竞争的外推力

物竞天择，适者生存。在一个高度竞争的社会里，不改变，就很难谋求发展。只有提高效率、收益和声誉，才能在快速发展中保持优势，在竞争中取得胜利。目前，高校继续教育的竞争，表现为高校继续教育的相互竞争、高校继续教育与高等教育的相互竞争、高校继续教育与其他各类继续教育的竞争。

1．高校继续教育与普通高等教育之间的竞争

长期办学、条件优越与经验丰富是普通高等教育的优势和特点，也是其竞争力所在。然而，由于受到内部资金等因素的限制，高校继续教育要想占据高等学历教育的优势是非常困难的。

2．高校继续教育之间的竞争

高校继续教育在背景特征、学校特色等方面具有独特性，各个高校的继续教育应当在竞争中不断发挥优势、避免劣势，以及最大限度地发挥继续教育的社会作用等作为主要竞争内容。

3．高校继续教育与其他继续教育类型之间的竞争

高校继续教育与继续工程教育、职业教育和市场培训之间都存在着竞争关系。依托高等学校的办学条件、资源实体和生源优势，高校继续教育有着最大的竞争特点，也是其在教育领域的重要竞争因素。

随着教育竞争时代的到来，高校应及时调整继续教育战略目标，推动继续教育科学转型，畅通继续教育转型渠道，统筹继续教育实施策略，从而在激烈的教育竞争中保持优势。

（四）教育红利的内驱力

对于高校继续教育的转型，作为一种教育中介，一种以人的投入和产出为基

础的制度组织，利益的追求应集中在追求教育红利上。

所谓教育红利，是指人力资本在人口投资中所形成的“报酬”。高校继续教育能够带来的教育红利，就是人力资本教育投资带来的社会、经济、人才效益。因此，高校继续教育带来的教育红利，是不断激励高校继续教育发展的内在动力。

在终身教育体系中，高校继续教育是中坚力量，其应该将加强高等职业教育和社会职业培训相融合、整合优质教育资源和市场资源、发展高端继续教育及职业培训作为义不容辞的责任。高校继续教育只有发挥桥梁与纽带的作用，不断完善我国国民教育体系与社会终身教育体系，不断增强继续教育的市场竞争力与价值，才有可能在激烈的市场竞争中获得一席之地。在以后相当长的时间里，高校继续教育转型发展唯有借助社会需求驱动力、终身教育牵引力、教育竞争外推力及教育红利这四个基本驱动力，才有可能收获相应的转型结果。

二、高校继续教育转型过程中的抑制力力场

著名经济学家樊纲认为，改革真正的难点问题就是克服阻力的问题。① 转型就表示原先的平衡受到了某种程度的干扰，在这个过程中必然会遇到各种制约。同样的道理也适用于教育改革。高校继续教育转型过程中，必然会面临多种挑战，但主要有如下四点。

（一）传统思维的阻滞力

在不同的历史时期和环境中，文化的先进性和落后性呈现出截然不同的面貌，而唯有具备先进文化的人才能在社会进步的进程中施展才华。中华文明源远流长，孕育了无数珍贵的文化遗产，为我们留下了无价的精神财富，如自强不息、艰苦奋斗；诚实正直、舍己为人；上善若水、尊重自然；等等。同时，在中华民族的历史长河中，农耕文化一直占据着主导地位。在农耕文化中生存与发展的民族，又会不可避免地呈现出一种古老而保守的特质。这在我国悠久的历史积淀中愈加深厚。

我国传统文化所蕴含的保守性和难以改变的特质，在一定程度上妨碍着现代化进程的推进速度，从而对改革的顺利实施产生了不利影响。而在高校继续教育

① 余小波．我国成人高等教育转型研究[M]．长沙：湖南大学出版社，2010．

转型的过程中，这些因素将成为一种文化上的限制，对其产生深远的影响。需要注意的是，由于传统社会文化存在于社会成员的心灵深处，对其影响一般是持久而深刻的，是变革中最难跨越的台阶。

（二）路径依赖的惯性力

我国高校继续教育制度形成初期，采用的是普通高等教育模式，较为注重结合基础知识体系开展教学，并且还对办学模式进行规范化管理，学历教育成为继续教育的主要内容。这种教育制度具有较强的惯性力，并随着社会发展和时代变迁，会对高校继续教育发展路径产生重要影响，即高校继续教育制度对高校继续教育体系内在路径的引导制约作用。

高校在组织教育教学活动时，常常会忽视网络教育的性质特点，还会有意或无意地忽视网络教育对技术条件、环境和学习者的要求。由于缺乏足够的资金支持，以及没有建立起相应的制度保障等原因，使得许多学校在开展网络教学时，仅仅是将学生从教室中解放出来转而进行网上学习。网络教育的授课方式几乎完全沿袭了传统课堂的教学模式，随着终身教育体系的发展，高校继续教育所处的生存环境正在经历着深刻的变革。网络教育对高校继续教育领域产生了重要影响，它改变着人们原有的学习方式，使其成为一种全新的学习形式。为了适应新的要求，继续教育工作者迫切需要转型升级，以适应时代的发展趋势。

然而，随着奖励的增加和自主强化机制的作用，所建立的模型已转化为强大的惯性力。过去，它推动了大学的继续教育体系，与独特的路径相比，遵循现有的模型更为方便和低风险。路径依赖的存在是影响改革和发展的重要方面，在很大程度上阻碍了高校继续教育的转型和发展。

（三）组织停滞的拖延力

组织是建立在对社会生活具体需求的深刻理解和准确把握之上的。组织有其特定的性质和特征。此外，组织所具备的自然属性，包括目的性、功能性和社会性等，使其能够以集体的方式发挥作用，更好地应对外部环境变化。高校在推进继续教育活动时，必须进行全面的规划和有效的监管，以确保其顺利开展。

高校作为人才培养的教育组织，在发展过程中与其他社会组织一样，由于缺乏与时俱进的学习能力，不可避免地会遇到组织停滞的问题。高校继续教育遇到的组织停滞的问题，主要表现在以下 4 个方面。

1. 高校办学目标定位模糊，特色品牌意识淡薄

一般情况下，高校较少注重质量和品牌，办学特色没有表现出来，也没有制定明确的发展目标。

2. 高校继续教育机构设置冗余，组织结构庞杂

在某些高校中，其继续教育存在人员庞杂、分工模糊、岗位责任制不明确、沟通存在障碍、多人难以协调等问题。

3. 高校继续教育管理程式守旧，激励机制缺失

高校针对继续教育的管理过程，经常会把旧有形式的内在经验作为指导，导致管理体制僵化，只注重教育效果，不注重教育过程，限制学生的自由发展，无法实现以人为本的人性化管理宗旨。另外，学校内部的紧张氛围不可避免地对教师和学生的积极性及创造性造成负面影响。

4. 高校继续教育教学模式传统，师资资源落后

作为学校组织中不可或缺的人力资源，教师的思维转换必须紧跟时代的步伐，以适应不断变化的需求。然而，部分教师过于依赖传统的授课方式，缺乏积极主动的创新精神及树立终身学习理念的意识，更不愿意在工作时重新学习和应用现代信息技术，以改进教学方法和手段。一些教师的思想倾向过于保守，倾向于维持现有状态，这可能会导致在组织领导的决策过程中出现错误行为。

在变革的过程中，组织决策扮演着至关重要的角色，因为它是变革的主体和对象。高校继续教育是高等教育事业发展过程中一个不可或缺的环节。若高校继续教育改革无法跟随时代步伐，其组织思维将会受到限制，从而妨碍高校继续教育转型的顺利进行。

（四）个体定式的惰性力

所有改革都需要有人加入其中。一直以来，改革和发展是人类活动的必经之路，其影响深远且难以估量。改革是一项系统工程，涉及方方面面，需要多方面的力量参与其中，而每一个方面的变化又必然引起其他各方面的相应改变，无论是在改革思路的萌芽阶段，还是在改革方案的实施过程中，都显现出深远的影响，

继续教育的转型在高校发展中也不例外。高校继续教育转型过程中，思维的惯性和个体的理性活动导致的行为滞后，必将成为高校继续教育转型过程中的一

大障碍。个体定式的主要表现为以下 3 个方面。

1. 惯性定式

人类的行为习惯不仅是对生产和生活实践经验的总结，更是一种持续的自我规范和准则。在社会生活中，每个个体都有自己的生活习惯，这些习惯具有一定的稳定性，并随着时代的变迁而改变。一旦形成某种习惯，一个人就会频繁地将其运用于现实生活中，以适应不断变化的环境和需求。在面对与以往习惯相似的情况时，个体常常会忽视时间、环境和原因的演变，而倾向于采用传统思维形成的惯性来应对。一旦超越传统思维惯性后，个体通常会表现出极强的自我保护能力和对惯性的持续保持。然而，要实现转型，必须打破以往的思维惯性和思维保持的障碍，这是首要的因素。

2. 知觉定式

人们倾向于挑选部分事物作为感知对象，这些对象的存在能够被人们清晰地感知，而其他被用作背景的对象则只会产生模糊的感知。通过有选择性地感知，人们可以将注意力集中在自己正在从事的活动上，从而避免与外部环境产生不必要的干扰。然而，在许多情形下，人们选择性地感知个人经验和兴趣立场，会使其无法意识到现状中存在的缺陷。随着经济、社会和信息技术的蓬勃发展，高校继续教育正在经历一场深刻的转型。在这种环境下，传统的高等教育模式已不再适应时代发展需要。在建设学习型社会和构建终身教育体系的背景下，有些人即使认识到这些问题的紧迫性，也难以快速做出反应，因此需要及时学习研究，以找到解决问题的方法，但不能由于感知的选择性，无知或不自觉地忽视或视而不见有助于发现和解决问题的线索。

3. 安全定式

改革的实施往往伴随着角色的转换、工作任务的调整及利益的重新分配，这往往会导致人们用已知的模糊和不确定性给未来带来不安全和紧张的局面。对于人们而言，熟悉的事物往往是最受欢迎的，而未知的事物则很难引起兴趣，因此必须确保自己的安全得到保障。

高校继续教育的转型关系到现代教育教学方法和管理运作的重大变革。一些人担心将来能否适应新的工作和新的工作要求，以确保自己的安全。当然，也会有一套抵制变革的规则。高校继续教育转型发展的方向、过程与速度，会受到力的因素影响。力场领域中的各权力构成因素，会对高校继续教育转型过程产生根本性影响。高校继续教育管理者所肩负的使命就是要采取积极措施，从不断强化驱动力与弱化约束力两方面入手，转变两种力量中的反补贴力量，推动高校继续教育的顺利转型。

第三节　高校继续教育改革的必要性

改革开放以来，我国普通高校继续教育工作取得了实质性的进展，这已成为高校服务社会的重要窗口，为社会培养大批在职人员，为社会发展作出较大贡献。但是，这一实质性的进展，并不能说明普通高校继续教育的既有模式是与科学发展观相一致的。从现实情况看，伴随着教育市场的迅猛发展与变革，普通高校继续教育本身所面临的问题也越来越突出，进行综合改革已成为我国教育主管部门、高校及广大继续教育工作者所达成的共识，有必要从宏观、中观及微观三方面尽快进行改革。

在宏观层面，社会发展需求日益迫切。高校必须直面社会需求，能够敢于承担起自身的社会责任，通过改革，继续教育才能在学习型社会构建中发挥主力军的作用，才可以进一步促进社会、经济、文化的发展，更好地服务于地方行业、企业。在中观层面，高校继续教育办学模式亟须创新，目前大多数高校办学定位模糊混乱，单一趋同，缺乏特色和个性。必须通过改革，促使高校继续教育人才培养目标定位更加符合社会发展需要，办学层次定位更加符合自身特点与实际情况，办学类型定位更加鲜明，富有特色。在微观层面，高校继续教育的教学质量迫切需要改善。当前，无论是成人高等教育还是网络教育，教学质量不高已成为一个不争的现实，公众对它的认可度与满意度也几乎达到了历史最低水平。

同时工作生活节奏的加快，基于现代教育技术的新型教学模式还没有完全建立，传统继续教育教学方式与教学手段难以满足新生代学员的学习需求。为此，高校在继续教育领域中必须勇于实践、大胆创新，探索一条适合自身发展的改革之路。

一、高校继续教育发展存在诸多问题

（一）继续教育体制与机制发展滞后

继续教育宏观管理中统筹协调职能机构缺失，教育主管部门各内设机构承担着学历教育、非学历教育和自学考试等管理职能，其管理业务基本各归其位，统筹协调难度较大。此外，关于跨行业、部门、单位的继续教育则仅限于管理权限，更谈不上宏观调控，因而难免出现权责划分不清的管理“真空地带”，有可能造成质量问题和其他潜在问题。继续教育的运行机制基本上仍停留在计划经济遗留的模式上，缺乏应有的活力。

（二）继续教育的开放性有待加强

第一，在教育模式方面，教育模式较为滞后。当前，仍以“封闭式”的传统教育模式为主导，采用基于已有资源的教育模式，资源合作和共享不足。第二，在培训手段方面，培训手段较为单一。尽管现代教育技术已被更多地应用于一些中高端培训之中，但是仍然有许多继续教育培训工作采用以讲授为中心的模式，培训手段没有拓展，也没有很好地利用新兴的信息平台来获取信息，如新媒体通信、Web 教材、电子公告板和联机图书馆等。第三，在教育互通建设方面，教育互通建设较为滞后。从纵向上看，继续教育和大学专科、本科、硕士和博士之间存在衔接断层的现象，继续教育偏重技能和实践，而学历或者学位提升则偏重专业系统性，二者交叉点较少；从横向上看，高等院校、大型企业、科研机构和学术团体等开设的各类继续教育，虽各有侧重，却大同小异，即易重复建设且学分互认困难，很难实现“立交桥式”的人才培养模式。第四，在合作共建方面，彼此合作共建的意愿不高。当前，各个生产部门、管理部门和高等院校均出现“单干”的情况，不能实现“1+1>2”，即合作共赢的效果。高校所拥有的理论研究优势、管理部门所拥有的实践管理经验和生产部门所拥有的一线操作经验总结很难汇集在一起，这就迫切需要构建多元化的继续教育合作平台。

（三）继续教育布局与结构还不够合理

继续教育的学历教育与非学历培训教育的类型、层次、形式、规模等要素，在布局和结构上无法适应经济社会的发展变化，尤其是与地方经济结构调整和社会转型不相适应，优质教育资源较少，区域分布不均，人才培养模式、种类、方式等太过简单。此外，多数普通高校继续教育仍停留在以学历教育为主的传统模式中，开展继续教育的方法较少并且力度较小。

（四）继续教育定位与特色还不明显

普通高等院校作为开展继续教育的主力军，在教学计划、课程设置和教材选用等方面都不具有鲜明的办学定位和办学特色，以至于“成教普教化”。不同高校或机构的学历教育整体同质化趋势明显，专业交叉、学科雷同、培养模式和方式相似、个性和特色不明显，培养人才的种类也多有相似之处，以至于无法适应社会多样化发展的需要，使继续教育丧失了应有的性质和作用。

（五）继续教育法规与制度建设欠完善

继续教育的立法工作相对滞后，成人高等教育和普通高等教育、学历教育和非学历教育，在协调发展方面缺乏必要的法律支持；远程教育设点和运行缺乏一整套制度保障；各办学机构学历教育在基础建设、教务管理和学风教风建设方面有待进一步规范化和明细化，对继续教育缺乏支撑力。

二、高校继续教育发展面临新的要求

（一）经济社会发展对人力资源的新要求

经济总量和经济增长方式的变化、产业结构的调整升级、居民收入消费结构的变化等都对人力资源和劳动力素质提出了新的要求，具体表现在以下 3 个方面。

（1）经济总量和经济增长方式的转变对人力资源提出了新的要求。人力资源既要有一定的技术创新能力、分析问题能力、实践操作能力，又要有团结协作能力、协调能力及适应能力等。这些客观要求倒逼着人们建立起一种长远的、终身学习的人力资源开发理念，不断调整开发内容和开发方向，变革并更新人力资源结构，在全面发展的原则下适应复杂多样的动态环境。转变经济增长方式可以提高经济增长质量，而人则能推动经济增长过程发生显著变化，这种变化与可持续人力资源开发理念密不可分。持续型开发理念，即要求具备长远眼光和功于后代的意识。

（2）产业结构调整升级对人力资源开发的新要求。新一轮全球性产业结构调整步伐加快，以长三角区域为例，已成为跨国公司产业转移的主要目的地之一。通过国际比较分析，将大力发展先进制造业和现代服务业，这必然要求加快培养大量不同层次的创新型、高素质人才队伍，并将发展的重点转向依靠科技进步和人力资源优势上来。

（3）经济总量及消费结构变化对教育带来新的影响。① 通过分析人均 GDP 超过 6 000 美元的国家和地区的经济、社会，尤其是教育投入的变化，可以得出：经济总量及消费结构的变化不仅对教育经费投入、经费支出、资源利用等方面产生直接影响，而且会通过社会流动、产业结构变化、文化消费提升等方式对教育产生间接影响，文化教育消费支出比重明显上升。

（二）建设学习型社会对继续教育的新要求

中国成人教育协会原会长朱新均指出，学习型社会是以社会学习者为中心，以终身教育体系、终身学习服务体系、学习型组织为基础的社会，它具有塑造终身学习文化的特征，能够维护与满足社会成员的基本学习权利与终身学习的需要，进而切实推动社会成员的全面发展与社会价值的全面实现，构建开放、创新、充满活力的可持续发展型社会。21 世纪至今，主要发达国家把终身教育提升至国家战略的高度，注重全民学习、终身学习、灵活学习与创新学习。

学习型社会主要指标为：①人均受教育年限；②从业人员中初中及以下学历所占比例；③每 10 万人口高等教育在校大学生数。加快终身教育体系构建，努力建设学习型社会显得尤为必要和急迫，而作为终身教育体系构建主体的继续教育的地位和作用就不言而喻。

（三）新农村建设和劳动力转移对继续教育的新需求

社会主义新农村建设目标提出：调整和优化农业结构、转变农业增长方式、提升农民生产素质；增加农民收入、改善生活条件和农民的生存能力；倡导科学、诚信，提升农民的道德素养；科学规划布局、美化生态环境、陶冶审美情操；政务公开、服务民众、唤起农民主人翁意识。要达到上述目标，关键是要培育“文化高、技术精、懂经营”的新型农民。然而，我国当前的农村劳动力的平均受教

① 杨彬．转型期高校成人教育视野下的企业教育改革研究 [M]．沈阳：东北大学出版社，2013．

育年限较短、整体素质偏低。为此，有必要以产业发展为支撑，对农村劳动力进行农业实用技术培训与职业技能培训，并在此基础上积极提升农村劳动力科学文化与法律综合素质，把他们培养成新型农民，这是建设社会主义新农村的智力支持与人才保证。

我国在积极推进社会主义现代化进程中，将建设社会主义新农村作为一项重要历史任务。而在扎实推进新农村建设进程中，又必须以促进农民整体素质提高为基础和先决条件。若脱离农民素质现代化，农业农村现代化和国家现代化也就无从谈起。因此，开展农村成人（继续）教育工作具有重要意义。长期以来，我国城乡教育发展水平存在着较大的差距，院校大都集中于地级以上城市，农村地区高等教育资源严重不足，导致很难适应农村人力资源开发的需求。为此，必须针对农村人力资源开发相对落后这一问题实施重点变革。现代文明发展的历史证明：没有一定人力资本存量，农民就没有机会成为现代农业经营者和现代城镇居民。社会主义新农村建设为促进我国高校继续教育资源向农村延伸提出了更有力的要求，继续教育应将重心下移并充分利用现代远程教育技术，把更多的资源分配到农村基层及其弱势群体中去，为构建和谐社会作出应有贡献。

第四节　高校继续教育转型的目标取向和原则

高校继续教育转型，即高校继续教育由发展战略转向发展思路、由办学体制转向办学机制、由办学模式转向办学内容、由办学理念转向办学策略，体现全方位、多层次、多角度的转型特征，从而达到促进我国终身教育体系和建设学习型社会的战略目标和社会需求。这种转型是从一种继续教育办学类型向另一种继续教育办学类型转变、优化的过程。①

① 胡锐．论高校继续教育战略转型与实施策略[J]．继续教育，2012（2）：3-7.

一、高校继续教育转型的目标取向

（一）从传统阶段性教育转向适应终身教育体系的构建

传统继续教育通常侧重于学历教育与职业技能提升。终身教育这一与时俱进的新理念、新思维，已经成为欧美发达国家教育政策以及世界各国教育改革的首要方向和主要动力。人们认为，教育过程并非是一次性的和最终的，它贯穿于人生的各个阶段。通过研究我国21世纪的教育思想发展历程可知，对传统学校教育思想进行突破，并鲜明地提出终身学习、终身教育的理念，是其中的关键特征。当前，我国整体教育体系仍是在正规教育的基础上形成的一种新的教育体系，这种教育体系集中体现了终身教育的思想精华，如淡化学历并实行非学历教育等。所以，高校继续教育要顺利实现转型，必须完成由传统阶段的学校教育模式到终身教育体系的转型。

有效的教育横向沟通与纵向衔接，增强了教育系统各个构成要素间的有机联系，并使其条理清晰。例如，建立继续教育学分的累积和转化制度，使各种学习成果互认、累积和整合；制定国家标准、制定严格评价体系、推行职业技能证书与学位证书并行等措施；推行更为宽泛的学分制、弹性学制及弹性管理制度，达到不同种类学分的互认；教育机构能够认证及认可学习者的过往学习经验，让学习者能顺畅“流动”于普通教育与继续教育系统及各级教育系统层次。

（二）人本性由教育需求转向需求教育

在传统意义上，继续教育的模式是满足教育需求，也就是建立在普通教育模式无法符合经济社会发展要求的基础上。因此，成人教育模式是在普通教育之外提出的，是国家顺应经济和社会发展从而对教育提出的要求。近年来，在民办非学历继续教育模式的推动下，高校开始顺应个体自我管理与自我发展的需求，积极推行个性化、特色化的继续教育，使高校可以从教育需求入手，实现需求教育主导的转变。

伴随着社会的转型发展，由传统农业经济社会到工业经济社会，再到现代知识经济社会，直接促使学习者的学习价值取向发生了深刻转变，包括“以教育为本”“专业为本”“以学习为本”的转变、由单一地追求学历文凭到多元化学习需求的转变。总之，不断提升自身价值和技能，正在成为成年人学习价值取向中必不可少的部分。

继续教育的形式将由以学历教育为主向非学历教育为主转变。而在实际意义上完成从“育才”向“育人”、从“教”向“学”的转变，从“能学”向“乐学”的彻底转变，其目的是实现以人为本的教育理念。

（三）构建各类学历继续教育互相沟通衔接的“立交桥”

为了实现我国高校继续教育向终身教育体制的顺利转型，必须全面协调推进各类高等教育继续教育的发展和综合改革，积极探索建立一体化的高校继续教育体系，以推进学历继续教育建设。

要想建设学习型社会和终身教育，“立交桥”建设是必需的。我国成人教育主要由三部分组成，分别是：高等学历教育的成人教育、以现代远程教育为主的网络教育、自学考试。教育对象都是从业者。学习方法均为业余学习，采用训练指导。我国在推进社会主义现代化建设的过程中，成人教育虽然输送了大量高素质人才，但也不可避免地面临着各种挑战和难题。在当前形势下，如何建立一体化的高校继续教育体系，即通过统一培养目标和标准、统一使用“学分银行”等手段，实现三大优势互补、融合发展，已成为迫切需要研究的热点问题之一。

成人高等教育适用于有工作或无工作的成年人，其继续教育水平达到了高等教育的高度。成人高等教育发展轨迹贯穿我国高等教育演进历程的始终。目前，“夜大”和“函授”已成为成人高等教育最主要的教学形式。现代远程教育的一种先进形式是在线教育，它以音频、视频（实时或视频）和计算机技术为支撑，为学习者提供了一种高效、便捷的学习方式，主要包括实时和非实时技术，向校外教育提供课程。

唯有将网络教育的教学方法应用于成人教育和自学考试中，将成人教育的面对面优势融入网络教育中，将自学考试的灵活学分制和考试管理优势引入成人教育和网络教育中，以实现三者的整合发展，从而达到学分互认和资源共享的目的，才可以为成人教育搭建“立交桥”，最终建成全民学习、终身学习的学习型社会。

（四）非学历继续教育由管理转向市场化经营

为了实现教育目标，高校继续教育管理者需要从管理的角度出发，对继续教育活动进行全面的规划、组织、实施和过程控制，以确保教育管理的高效性和有效性。教育管理是教育目标的最大化。经营者在管理过程中，将会优化组合，合理配置和有效利用教育资源。

高校继续教育必须确立以国家、社会、行业、企业和学习者个人需求为导向的经营理念，以需求为驱动，以市场为导向，以公司化运作模式为手段，解放思想，打破传统思维，树立服务意识和人本主义理念，树立品牌意识和正确的营利理念，强化市场导向意识，积极研究服务目标，积极开展市场调研，了解社会需求，建立市场预测机制，以推动高校继续教育的发展。同时要加强师资队伍建设，完善课程体系，优化教学方法，注重实践教学。在面对日益复杂的继续教育市场竞争时，只有通过深化内涵、凸显特色、巩固精品、不断创新，才能满足学习者多元化的市场需求。

总之，高校应当持续提升自身在继续教育市场上的竞争力，积极推进市场化项目，逐一进行选课、带课选师、带师保质量等工作，以卓越的质量打造品牌，从而实现高校继续教育的良性循环和可持续发展的目标。

（五）实现从传统教学手段到现代多媒体技术的信息化转向

现代远程教育作为知识经济时代终身学习体系建设的主要途径，是我国高等教育资源紧缺条件下大教育发展的一项战略措施。所谓信息化，是指信息均衡分布、迅速传播。新媒体技术与渠道成本低、覆盖广，深刻地变革着政府、社会组织、企业等传统组织模式与工作方式。信息技术的迅猛发展，给高校继续教育工作带来了巨大的推动作用。物联网、5G 技术、智能手机和平板电脑的出现使每个人可以在任何地点、任何时间都可以学习。

信息化建设对高校继续教育起到了助推作用。我国高校现代远程教育试点的实施，有效地推动了我国远程教育从第一代函授教育、第二代广播电视教育转向以计算机为核心的现代远程教育，而卫星、多媒体、互联网等技术则为现代远程教育提供了基础保障。现代远程教育是一种适用于在职人员随时随地进行自主学习、终身学习的教学支撑服务体系。构建现代远程教育数字化支持服务平台，正逐步替代传统的教学方式与学习方式。

高校应积极开发信息技术，注重对继续教育新技术的创新运用。当前，部分现代远程教育试点单位及公共服务体系，应主动参与或协助地方行业企业等组织搭建现代远程教育平台，发展非学历现代远程教育；普通试点高校也应积极投身地方学习型城市建设，构建开放、便捷、高效的终身学习服务平台及公共服务体系。教育行政部门更要及时吸取经验教训，着力推动高校继续教育事业发展，努力创造集信息化、网络化、媒体化和数字化于一体的教育模式，确保教学内容更具多媒体性。教学目标多元化、教学资源共享化、教学时空拓展化、教学环境虚拟化、教学效果反馈及时等特点，能够满足学习者多样化的学习需要，也能推动高校继续教育的迅速转型和发展。

二、高校继续教育转型原则

对高校继续教育转型路径的分析，主要在于对转型影响地域的分析。要提出科学合理的建设性意见，首先要明确高校继续教育转型的宏观保障体系，即“三位一体”的原则，具体包括以转变观念为导向、以转变制度为保障、以转变质量评价为根本。

（一）以理念转型为先导

教育理念源于人们对教育实践认识的增强，同时又会将其运用到整个教育实践过程中。历史上任何一次教育改革，都是在一种全新的教育理念下产生的。任何教育转型衍生的困境，皆来自内在教育观念的禁锢。任何社会改革（包括教育改革在内的发展与变革）都是新旧观念矛盾的产物，实现教育观念的本质转变，势必会推动高校继续教育的转型。因此，实现高校继续教育转型必须着眼于对教育观念的重构。

1. 宏观视角从“育才”转变为“育人”

高等教育与继续教育构成了高校继续教育的双重属性。从根本上说，高校继续教育就是要培养出能力高、层次多、适应能力强的人才，这是高校教育和社会服务的最直接途径。

高校继续教育是培养知识、道德、社会责任和公民道德的终身教育过程。除提升传统学校教育中缺失的职业能力，德育、素质和责任同样作为高校继续教育应肩负起的重要职责。

高校继续教育作为高等教育不可分割的一部分，其观念的变革由学历补偿向终身教育目标的实现、由教育手段之“才”向人性之“人”的转化，在实现智育培养之余，尤其重视德育和美育的结合发展，由此推动高校教育的变革。

2．中观视角上实现从“旨教”向“旨学”的转变

素质教育要作为转变观念的载体和契机，转变观念，彻底摆脱传统教育意义上的以教师为中心的教育模式，由重教轻学的“教”向重学轻教的“学”转变，由传统“填鸭式”教师教学转向现代“自主式”学生主体教育理念转变，顺应后现代教育理论的发展实际，符合高校继续教育转型的现实需要。与其他类型的教育相比，特别是在普通的校园教育中，高校继续教育更注重学生在教学过程中的主动性、积极性和创造性。这集中体现在以下两点。

（1）“旨学”转向取决于高校继续教育的育人指向

高校继续教育将担负起培养各类继续教育积极性的重任，培养高素质的社会公民。终身教育是高校继续教育发展的主要目的，它强调以实现成人继续教育为目标。积极主动是终身教育理念确立的一个重要条件。

（2）高校继续教育对象的特点决定了“旨学”转向的必要性

高校继续教育以成人为主要教育对象，与普通学生相比，他们有着丰富的实践活动经验，他们已经具备了独立学习的能力和责任，但他们面临着工学矛盾和学时矛盾。教育对象必须选择通过各种类型的自主学习活动来实现学习目标。

在这种平等对话的师生互动中，教师和学生以教育活动为中介，构建双向教育关系，使学习者获得知识，提高能力，发展才智，从而推动高校继续教育由学历走向职业，通往转变和学习的道路。

3．微观视角上从“能学”转变为“乐学”

以学习者标准为起点、以学习为主线，针对高校继续教育中学习方式多样、学术重点突出等特点，力求实现由“能学”向“乐学”的转变。高校继续教育对象有“先验性”和社会实践性，他们的学习是体验性的学习，因而高校继续教育比较注重学习者“学习”的感受与习惯。

为了真正做到由学术走向专业再到走向学习的转变，高校有必要着眼于改变“能学”这一陈旧的观念，并积极引导广大教育工作者确立正确的学习态度和培养良好的学习习惯，同时掌握先进的学习方法，以得心应手的“学习”心态，实现由浅入深、循序渐进的“螺旋式上升”学习过程，确保学习者本身能够可持续发展。

（二）以制度转型为保障

对于现代教育制度而言，应以法律制度为第一强制性力量、以功利主义为基础推动力、以权利为重要均衡标尺、以包容性为实体价值要素。同样，高校继续教育的制度转型也要特别注意法制性、功利性、权利性、包容性四大现代教育体系的特点。

1．高校继续教育制度转型的法制性要素

在法制性要素方面，高校继续教育主要体现在以下4个方面。

（1）在受众对象方面

与传统教育系统更直观的班级性质相比，它具有范围更大的通用性和适用性。

（2）在作用方式方面

法制还体现在教育秩序的调整和教育模式的调整上，表现为教育法等形式。在制度前提下，调整方式更倾向间接调节。

（3）在价值导向方面

现代教育制度的法律特征体现在立法上，它更好地追求法律面前人人平等的原则，较少偏袒占主导地位的利益集团或阶层的利益，更充分地考虑了群众主体的要求。

（4）在推行实践方面

现代教育制度的合法性首先也体现了公开性和公平性。它具有可预见性和可靠性，消除了传统教育体制的隐性、特权和偏见性。法律制度要求任何现代教育制度的运作要把强制力纳入教育条例的总体纲要之中，更好地发挥法律效力，促进高校继续教育的发展。并不是让教育条例完全强制性地阻碍高校继续教育的健康发展。

2．高校继续教育制度转型的实利性要素

任何一项教育制度的改革，最迫切的目标是要确立一套适应社会发展的现代化教育制度。我国高等教育大众化阶段的继续教育制度改革也不例外，其目的就是要使受教育者通过学习获得终身持续发展所需要的各种知识与技能。高校继续教育制度改革，代表了社会上某些特定阶层、群体和个人对于自身教育利益理性追求的过程。在高校继续教育体制转型的进程中，注重个人的利益，特别是注重个人在日常生活中对全面发展的追求，具有至关重要的意义。从某种意义上说，这也是高校继续教育的渊源所在。

此外，我们还应看到，高校继续教育制度的制定不仅要着眼于个人教育的利益，更要特别注重个人教育利益和公共教育利益的提升。只有终身教育，教育的个人利益才能实现，公共教育的有效性才能有效，高校继续教育体系的实质性作用才能实现。

3. 高校继续教育制度转型的权利性要素

所有教育制度都是由各种教育关系的动态发展而产生的，然后通过一定制度规则来规范特定的教育关系。目前，高校继续教育体制的转型是在市场经济相对成熟的条件下进行的。在法治条件下，在法律相对健全的地方，权利制度有着基本的实现因素。

（1）高校继续教育制度要具备权利性是市场经济的发展要求

在市场经济条件下，发展继续教育可以合理配置资源，整合资源，共享资源，根据市场经济的基本特点，如资源的合理配置和商品交换的原则，优化人才资源和培训资源。在市场环境下，社会主体所享有的权利得以更加透明化、公开化、平等化。这意味着，在市场经济中存在着一个“公平”的竞争机制。在自由竞争的市场经济环境下，社会生活的平等性和自由性才得以确保。因此，市场经济环境下的教育制度，必须确保其具备先前所赋予的权利。

（2）法治社会下的背景为高校继续教育制度的权利性提供了有效保障

教育制度和教育法治是相互依附的。法治制度和法治理念的完善保证了受教育权意识的增强，相应地促进了各种教育制度权利的提升。因此，高校继续教育权是保证人们有机会获得终身学习和自由发展的重要前提。

4. 高校继续教育制度转型的包容性要素

从高校继续教育的角度来看，现代教育制度各种特征的现代意义，归根结底，着眼于人民终身学习利益的双重保障和制度有效性的实现。与传统教育体制一元论相反，现代教育体制，特别是高校继续教育体制，本质上就要求多元包容。具体关涉以下两个方面。

（1）现代教育制度本身具备宽容性

现代教育制度作为一种自由的组织制度，具有一定的包容性和开放性，为人们提供了广泛的学习机会。从教育制度的角度来看，这并非一种排斥其他观点的制度。高校继续教育制度也应强调包容性即不同教育对象、不同教育类型、不同教育方法的包容性和涵盖性。

（2）制度的宽容内涵是现代教育制度形式上的体现，具体来说，现代教育体系的价值观具有中性或中立的特征，与传统的教育体制相比，它融合了多种教育主体和教育理念，使其更加温和。

高校继续教育体制改革的包容性还体现在纳入了与其他教育体制不同的更加多样化的学科和资源。

（三）质量评价转型为根本

高校继续教育质量评估转型，是支撑高校继续教育转型的核心要素，同时也是决定高校继续教育转型实质性意义的重要依据。在分析高校继续教育发展现状和发展趋势的基础上，从5个方面提出了构建高校继续教育质量综合评估指标体系的设想与建议，具体包括政府、社会、市场、高校和学习者。

1．充分发挥政府在宏观质量调控方面的作用

高校继续教育质量保障体系建设得到了政府层面的大力支持，这得益于全国继续教育工作会议的召开以及国务院颁布的《关于加快发展继续教育的若干意见》。因此，在高校继续教育质量体系建设过程中，政府应当发挥其宏观调控作用，以确保宏观经济政策制订和政策出台的顺利进行。

2．大力加强社会对整体质量的弹性监控力度

实现高校继续教育质量这一目标，需要政府担当指导员的角色，同时社会则扮演着“牵引者”的角色。在社会转型的进程中，高校继续教育必须紧跟时代步伐，不断更新以保持生命力和活力，这是其前进的方向。高校应通过加强制度建设、提高教师综合能力等措施来保障继续教育的良性运行，只有吸纳更多卓越的人才资源，高校继续教育的人才素质才能适应社会发展的需求，获得更广泛的市场支持，并科学合理地体现在社会服务功能中。

据此，社会需求正在成为监督高校继续教育质量的“监督者”。通常而言，以大众传媒、新媒体及各种社会评价组织构建的社会监督群体，对高校继续教育质量进行定期或不定期的监督。这些监督具有针对性强、覆盖面广、影响大等特点，能够有效地促进高校继续教育的质量发展。高校继续教育的发展需要合理的预警机制，而教育行为则是调节继续教育发展的“晴雨表”。

3. 有效推进市场调节的无形调适作用

高校继续教育呈现的市场特征，实际上就是通过优化市场教育资源配置，进一步提升教育的自主性和适应性。市场机制充当调节高校继续教育整体质量的“无形的手”，即以一种隐性监控方式影响高校继续教育办学质量、经营模式、人才素质，是对高校继续教育从招生市场化到专业课程市场化的全程隐性监控。

4. 强化办学实体高校的自主管控作用

在众多实体因素中，高校作为学校的主体，处于整个教育质量体系的前列。高等学校是高校继续教育发展的土壤。没有高校的教育机构和现有的资源，高校就不可能继续教育。在各教学环节，学校均发挥着重要的导向作用。无论是自上而下推进政策还是自下而上推进政策，学校都应该保证继续教育各项政策得以实施、有序开展。此外，政府调控、市场适应、社会调节的作用将要求高校机构内部化，这才能从内到外发挥外部环境的质量监督作用，才能实现其社会化、市场化等。可以说，主体在高校继续教育中的作用是从监督控制的作用出发，对政府和市场的质量进行选择和再加工的过程。

5. 实现学习者质量反馈测控的助力作用

学校应充分运用自我监控、自我管理的功能，积极承担社会服务责任、教育质量责任、教育主体学习责任，不断提高教学质量与人才培养质量。高校在人才质量的管理中有着举足轻重的地位。为此，高校应该强化人本理念，在实施继续教育过程中充分调动学习者的学习热情，保证高质量完成各项工作任务。学习者是最能直观地认识自身的学习质量、教师的教学质量及学校的训练质量的主体。此外，学习者还会参与高校继续教育质量抽样测量与控制过程，从而反映学校整体的继续教育水平，对高校继续教育工作有更为全面的了解。因此，要构建一个全球性的质量评价体系，学习者的质量反馈测量与控制就应该受到更多关注。

第五节　高校继续教育转型的路径

一、革新发展理念，明确高校继续教育办学定位

应用型高校在构建现代职业教育体系中占有重要地位。因此，应用型高校在开展继续教育过程中，应坚持以“应用”为办学原则，为推动地方经济社会发展、完善社会服务及满足群众文化等发挥积极作用。继续教育不仅是构建学习型社会的重要平台，而且还是高校履行服务社会功能的重要“窗口”。因此，国内地方本科高校向应用型高校转型时，应摆正继续教育观念，强化继续教育重视程度，而不应将其视为创收工具。

具体来看，高校实施继续教育必须充分体现追加教育的特征，强化继续教育与基础教育、普通教育的衔接关系。当具备满足继续教育需求时，高校应该做到共建共享教育资源，推动教育融合发展。例如，高校可以寻求和社会行业企业的合作，将继续教育资源与社会行业企业教育资源相互融合，由此构建系统化的社会教育网络。

当前，高校继续教育学院应积极寻求与社会、企业的协同合作，打造全产业链职业教育集团，进而实现教育链、人才链、产业链三者间的融合互通，强化教育资源与社会创造资源的融合程度，由此巩固职业教育在继续教育中的主体地位，最终形成以创造社会财富、推动社会发展和人民幸福作为第一发展要务的继续教育。同时，依托社会教育网络架构，高校应构建可供选择的继续教育学习系统，根据学习需求拓宽继续教育学习平台建设类别，同时确保规范合理，满足接受继续教育的人员在社会、家庭或工作领域中的多元化需求，发挥继续教育的作用。与此同时，继续教育知识体系也应进一步实现优化调整。

实际上，我国企业对传统学历的需求仍然存在，但是传统教育模式必须在发展中求变革，构建以知识学习与能力培养为主的教育模式。针对职业培训开展的继续教育，应该密切关注新型职业问题及配套的解决方案，将其作为开展继续教育的内容，在法律规定的范围内开展普及教育，指导相关企业人员提高工作能力。当然，企业应将由“干中学”形成的创新能力作为职业资格与职业能力认证体系

的一部分，为员工参与项目工作提供资质保障。这同样需要高校继续教育学院提升职业资格证书效能，不断强化对持证人的测试评价力度，建立健全追究淘汰机制，将被评价者工作能力纳入个人能力档案。

高校继续教育中的非学历教育形式，主要是为满足人们的多样化生活需求，提升非学历受教育者的能力素养。但在具体开展过程中，应该重点关注非学历受教育者存在的问题，根据非学历受教育者学习需求组织教育内容，并将教育内容细分，凸显教育内容的指向性，从而构建“订单式”学习模式。同时，高校继续教育学院应该辅以必要的学分认定、积累和转换机制，将其纳入等级能力认证体系中。

综合而言，相较于基础教育、普通教育，高校继续教育形式呈现出灵活多样的特征，可以解决其他教育形式存在的问题，并做到与其他教育形式协同运转，共同解决受教育者的共性问题。最重要的是，高校继续教育可为受教育者提供最新的教育资源，帮助受教育者掌握解决问题的新思路或新方法，这种研讨式、探寻式的教育方法，能够启迪受教育者的心智，激发受教育者的创新思维或意识。此外，高校继续教育拥有多元化的师资主体，这既可以和普通教育师资合作发力，又可以独自发挥作用。总之，高校继续教育旨在解决现实社会存在的问题，由此推动社会良性发展。

（一）宏观定位：高校继续教育促进社会发展

1. 定位于服务地方经济发展

地方本科高校开展继续教育办学，应坚持以社会发展需求为导向，以地方企业及其相关产业为对象，以服务地方经济发展为目标。根据地方经济发展特点，结合地方产业布局特色、地方经济发展模式，地方本科高校要形成具有地域特色的继续教育办学理念，不断创造和发挥办学优势，打破制约继续教育办学的瓶颈。以秦皇岛为例，秦皇岛作为旅游城市，位于秦皇岛区域内的地方本科高校应该结合地方产业布局特色，形成以旅游相关培训为特色的继续专业办学理念，从而提升自身办学竞争优势。综合而言，地方本科高校继续教育办学应坚持为地方经济发展服务，构建以产教融合为主的继续教育办学模式。

2. 定位于学习型社会的建设

“学习型社会”这一概念是由美国教育家罗伯特·梅纳德·哈钦斯在1968年首次提出的，历经50多年的发展，“学习型社会”逐步由概念发展成为现实，成为当今社会学习形态的重要特征。终身教育思想对构建学习型社会教育理念产生重要的影响，这种新型教育理念以推动实现教育社会化、社会学习化为基本特征，对人类社会发展进程产生积极的作用。

地方本科高校继续教育以服务地方发展为基本目标，这就决定地方本科高校继续教育办学的基本定位，即构建学习型社会。地方本科高校需要充分利用高校平台已有的资源优势，积极打造基于社会全体成员终身学习的教育体系，为实现继续教育办学发展提供契机。

（二）微观定位：高校继续教育的个性化发展

1. 人才培养方面

地方本科高校继续教育旨在为社会输送人才。因此，地方本科高校有必要重新定义和规范基于继续教育的人才培养规格和类型。针对应用型人才培养，地方本科高校继续教育应注重发挥自身优势，有效开展应用型和技能型教育，以服务地方经济发展为导向，充分把握应用型人才培养的具体特征，完善知识更新和技能补充等教育培训内容，确保继续教育富有成效。由于地方本科高校继续教育生源质量不一，地方本科高校继续教育人员需要提前了解和掌握学生的个性，依据学生个性（如学习思维、学习特点等）制定个性化教育方式。面对新的社会发展形式，地方本科高校继续教育人员还需要及时明确社会对培养新型应用型人才提出的新要求，从专业技能和科学知识等方面准确定位新型应用型人才的培养目标。

2. 品牌建设方面

高校继续教育呈现鲜明的动态性和竞争性。但是，高校继续教育是否具有鲜明的办学特色，才是高校继续办学能否持续开展的关键所在。基于此，地方本科高校应该强化品牌定位意识，构建以服务地方经济发展的继续教育品牌。具体可从以下三点入手。

第一，精心设计继续教育特色办学项目。地方本科高校应以地方发展需求、自身办学优势为导向，精心设计富有地方继续教育办学特色的教育项目，从而充分发挥继续教育对行业发展的实用性和适用性作用。

第二，确保地方本科高校继续教育品牌建设质量。优质的教育选择，如同精挑细选的优质产品。同样，地方高校继续教育具有明显的品牌竞争优势，其就会吸引众多受教育者。

第三，深入推进地方本科高校继续教育品牌内涵建设。地方本科高校有必要深入研究继续教育资源，这是推进品牌内涵建设的前提。为此，地方本科高校继续教育专业设置必须考虑与地方社会发展相联系。

此外，深入调研地方产业布局特点，充分利用自身学科建设优势，打造富有竞争力的继续教育品牌。具体可以从教材开发、合作建设实训基地和开展培训宣传等入手，有效提升继续教育品牌内涵建设水平。

二、非学历继续教育取代原先学历教育的发展中心

随着国内高等教育大众化的推进，高校学历继续教育的发展势头正在逐渐减弱，而社会转型、产业结构转型升级及学习型社会构建理念的深入推进，为高校非学历继续教育提供了广阔的发展前景。

（一）学历继续教育的职业导向性改革

作为被国家承认文凭的正规教育类型，高校学历继续教育不仅满足了广大人民群众提升学历层次的需求，而且也成为培养社会主义建设人才的重要途径。因此，高校学历继续教育发挥的作用正在被社会关注和认可。

为深入推进高校学历继续教育可持续、健康发展，以及构建新型职业教育体系、完善终身教育体系、打造学习型社会体系，必须采用一系列行之有效的措施。

1. 科学设置专业

全国各地本科高校应积极挖掘优质生源，科学合理设置办学规模。在针对继续教育开展招生工作时，高校必须建立以市场需求为导向的招生机制，秉持“服务市场、开拓市场、占领市场”的原则，持续深入开展市场调研，分析市场发展规律、把握企业发展需求，从而科学合理设置继续教育专业结构，构建适合市场发展需要的继续教育课程体系。

2. 改革人才培养方向

针对继续教育人才培养目标，高校应坚持“应用型”原则，对传统的学历补

偿教育阶段的“学科导向”进行改革，优化继续教育专业结构，构建专业管理与课程建设相结合的机制，形成工学结合、产学研结合的人才培养模式，打造宽进严出、灵活开放的教学制度。

3. 开设新专业

集全校各方面之力，采取多种招生宣传形式，在坚持职业发展方向的前提下，重视新专业设置也成为招生工作中的亮点之一。

4. 开展校企合作

聚焦本地区重点人群和企业，从发展培训项目和组织校企合作出发。

（二）鼓励并大力发展非学历继续教育

相对于学历继续教育，非学历继续教育因其实用性、实效性、前沿性等特征，在经济发展、市场发展需求和各个岗位素质要求等因素的影响下，近年来受到各教育主管部门、企事业单位和继续教育办学主体的广泛关注，其办学规模也在不断扩大。因此，开展非学历继续教育工作具有十分重要的意义。

1. 有利于满足社会成员全面发展的需要

高校非学历继续教育为全面提高社会成员教育素质提供保障。高校非学历继续教育应以社会发展需求为导向，为社会带来新的发展契机，并从中获得实现自我发展的动力。

2. 有利于提升服务地方经济发展的适应能力

高校非学历继续教育服务社会发展需求的性质，决定其具有市场性特征。因此，高校非学历继续教育必须面向市场，服务于社会。

3. 有利于构建终身教育体系

高校非学历继续教育与学历继续教育同等重要，二者都是构建终身学习体系的基础。此外，高校非学历继续教育具有鲜明的灵活性和自由性特征，这为有效推动社会成员实现终身学习提供基础保障。

三、创新办学模式，转变继续教育发展模式

（一）加强地方本科高校继续教育合作办学

现阶段，我国地方本科高校在开展继续教育办学过程中，受到诸多因素的限

制，如办学场地规模、师资队伍、资金投入等，这就要求各地本科高校必须加强继续教育合作办学力度，为进一步深化继续教育人才培养目标实施进度、培养社会需要的合格人才奠定基础。

1. 从国家政策层面上看

继续教育合作办学能增加民办力量扶持继续教育的力度。国家政策对民办企业与高校开展合作办学给予了鼓励，这有利于促进继续教育发展和经济、社会建设。

2. 从地方本科高校的资源上看

继续教育合作办学为高校提供了必要的人、财、物、力等方面的支持。实践证明，我国地方本科高校要想持续深入开展继续教育，就必须借助相应的资源条件，如师资、场地、资金等，而合作办学则是高校借助相应资源条件开展继续教育的主要途径。从这一角度来讲，继续教育与合作办学可构成双赢的格局。

3. 从继续教育的项目研发上看

合作办学与继续教育的相结合，将进一步推动地方本科高校的研发项目满足市场发展要求。产业要发展，必须有经济作后盾，而经济繁荣发展又必须有可靠的技术支持。长期以来，我国高校继续教育的研究与开发偏向于理论教育，与实际应用相偏离。合作办学，作为一种新型的办学模式，势必会将市场需求纳入继续教育这一工程项目中。

（二）加大高校信息化教学的力度

信息技术的快速发展和普及给继续教育发展带来了无限可能，为学员自主学习、个性化学习提供便捷的支撑。地方本科高校继续教育信息化建设的实施主要从以下 3 个方面着手。

1. 抓好网络基础的建设

继续教育涉及的受教育群体广泛，由校内脱产学习者、校外非脱产学习者和国内外各地接受教育的学生组成。因此，高校要想推进继续教育信息化发展，就必须着力搭建网络基础设施。继续教育信息化是一个系统工程，需要各方面的支持和配合。其中，搭建校内信息化基础设施，包括但不限于搭建多媒体教室、资源中心机房、学生宿舍和办公场所等基础设施；搭建校外信息化基础设施，包括但不限于搭建完善的网络设施和配套服务等，将高质量的教学资源向外开放，为校外学生提供便利的学习渠道。

2. 加强教学资源的建设

继续教育信息化教学资源是地方本科高校继续教育研究的重要组成部分，这些丰富的知识资源为继续教育信息化提供了坚实的基础。地方院校应根据自身特点和需求构建适合本地区发展需要的继续教育教学资源体系。继续教育教学资源的整合不应仅限于校内，还应在自主研发和不断更新的同时，积极引进和共享校内外、国内外的继续教育教学资源。

3. 运行机制建设

继续教育信息化是一项涉及多个方面的综合性工程，不论是继续教育信息化设计、技术实现还是管理环节，都需要构建完善的运行机制。当前，我国地方本科高校在运用信息技术时还存在着许多问题，从而影响到了继续教育信息化进程。因此，地方本科高校在推进信息化技术的建设过程中，必须严格把控各个建设环节，以确保继续教育信息化运行机制建设规范化、有序化。

四、强化办学保障，促进高校继续教育健康发展

（一）打造师资队伍，保障教学质量

地方本科高校继续教育师资队伍建设质量，直接决定了地方本科高校继续教育教学水平的高低。目前，我国许多地方本科高校在继续教育中面临着诸多困境与问题，如教师数量不足、结构不合理、整体素质不高等，严重制约了继续教育事业的可持续发展。可以说，地方本科高校继续教育的可持续发展离不开优秀的师资队伍。因此，为了确保继续教育长期稳定、和谐健康的发展，地方本科高校必须建立一支结构合理、素质过硬、专兼职结合的师资队伍。在此前提下，如何加强对高校继续教育教师的管理与控制，提高其整体素质和能力，成为一个值得探讨的课题。为了完善地方本科高校继续教育教师资源，可以从以下 3 个不同的视角进行思考。

1. 多元化建设师资队伍

地方本科高校应根据教育对象和经济社会发展的特点，建立多元化的师资引进机制，从多个渠道引进高素质人才，以培养多元化的师资队伍。

2. 定期对教师的授课模式进行考核

为开展师资教学考核，地方本科高校需综合考虑教师的授课方式、专业知识和实践技能水平，同时重视学生对教师授课的反馈，探索并制定科学完善的教师考核体系，以促进师资水平的提升和继续教育质量的发展。

3. 专业化的师资建设

对于特定学科领域内的教师来说，必须具备该学科领域内的专业知识及其相关能力。只有将专业化水平高的教师放置在继续教育教学中，才能推动继续教育质量的发展。因此，针对地方本科高校非学历教育，必须着力建设专业技术过硬的师资教学团队，确保教育培训质量。

（二）完善管理模式，保障办学有序

为确保高校继续教育适应新时期的社会需求，必须根据新时期产生的新形势不断完善地方本科院校继续教育管理模式。

地方本科高校继续教育创新管理模式具体可以从以下 4 方面进行。

1. 提高管理认识

继续教育所具有的重要地位决定着对它进行管理的重要性，继续教育要想实现可持续健康发展，就必须依靠有效的管理系统来对管理工作进行积极的维护。

2. 紧跟市场需求

针对新形势下经济社会应用型人才培养要求，地方本科高校应该制定出具体培养方案，并强化校企合作管理水平，从而为继续教育稳步发展奠定坚实的基础。

3. 优化监督管理

选用较高理论水平的教授及较高实践技能的专家，以教学管理组的组织形式，对继续教育教学管理工作进行科学合理的监管，据此建立健全系统、科学的继续教育管理制度。

4. 优化分配激励机制

科学的分配激励机制，有利于推动学院和部门工作人员产生浓厚的工作热情，从而坚定不移地向工作目标采取行动。科学的分配激励机制，必须以现代激励理论为基础，同时坚持多劳多得和责任权利相一致的原则。此外，地方本科高校应该考虑适合推进继续教育的财务管理办法，厘清各个职能部门和专业院系在继续教育事业中所担负的职责，从而使继续教育管理体制更加健全完善。相对来说，

高校继续教育管理制度中的激励策略，在高校继续教育管理体制中占有重要地位，所以应受到高校的高度重视。

（三）完善政策法规，保障有法可依

与国外部分发达国家相比，我国仍需进一步加强继续教育立法工作，保证高校继续教育在开展过程中有法可循、有法可依。早在 2016 年，我国教育部就已经颁布《高等学历继续教育专业设置管理办法》，该文件对高等教育实施继续教育专业管理政策提出要求，从而明确了高等教育开展继续教育办学与教学的职责、管理程序，对于加强地方本科高校继续教育信息服务和过程监督来说，显得尤为重要。

当然，相关部门机构负责人同样需要加强对继续教育的政策法规建设。在实际建设过程中，相关部门机构负责人必须以强化政府调控为主线，对继续教育的定位、发展模式和规范管理等进行制约，增强地方本科院校对继续教育的认识程度，从而形成一套完整的继续教育体系，为实现继续教育的平稳过渡提供有力的制度保障。

国家从宏观层面上调整优化高校继续教育政策法规，可以为高校开展继续教育提供强有力的支撑。这不仅反映了国家对于持续深入开展继续教育办学的肯定，而且也进一步强化了人们对高校继续教育办学的认识。

第四章　高校继续教育的信息化建设

新时代互联网信息技术高速发展，高校网络与继续教育要承担起信息化建设的新使命，为高校继续教育的发展作出更大的贡献，为人们终身学习理念的形式提供更为有力的保障，促进高校继续教育在多个领域协同发展。本章分为移动微型学习模式、翻转课堂学习模式、校企共建共享课程资源和信息化助推继续教育改革发展四个部分。

第一节　移动微型学习模式

一、概述

（一）移动微型学习

根据第44次中国互联网络发展状况统计报告，截至2019年6月，中国上网人数规模从2014年约6.32亿人上升到8.54亿人，而位居上网设备首位的手机网民规模也从2014年的5.27亿人上升到8.47亿人，使用手机设备上网的比例从2014年的83.4%上升到99.1%，使得我国互联网普及率从2014年的46.9%上升到61.2%。与5年前相比，移动宽带的下载速率大大提高，速率大约是2014年的6倍，而随着手机网络的普及，手机上网流量资费也越来越低，降低幅度超过了90%。速率的提高和流量资费的下降，大大推动了移动互联网流量用户的大幅度增长，中国移动宽带用户每个月平均移动流量地使用达到了7.2GB，是全球平均水平的1.2倍，移动互联网接入流量消费达553.9亿GB，同比增长107.3%，带动了整体互联网在各行各业的应用发展。

2019年的《政府工作报告》中，明确提出了“互联网＋教育”的在线教育学习模式，甚至促进了乡村视频会议室、多媒体教室等教育硬件设施的不断完善，也为乡村继续教育发展提出了新的发展趋势，偏远地区的青少年也能通过共享教育资源获得了学习的机会，改变了自己的命运，促进了地区经济的均衡发展。

截至2019年6月网络在线教育用户规模达到了2.32亿人，相比较2018年年底就增长了3 122万人，网民中有27.2%的人都在利用线上教育资源学习。移动上网成了现代人们沟通交流、休闲娱乐的重要方式，互联网不限时空的碎片化学习和娱乐，让人们可以随时随地获取与学习有关的信息、资源和服务，使得新生代人们的移动微型学习得以实现，移动学习也终将成为未来继续教育的主要方式之一。

近年来，这种学习方式改变了传统的课堂学习教育理念，学习资源、学习时间、学习方式都显现出“微型”特征，随着移动互联网、5G通信技术、大数据时代的到来，以智能手机、平板电脑等移动学习设备为媒介的移动学习也正在成为高校继续教育信息化建设的关注点。

基于人们对这种学习模式的说法不同，学者也对移动微型学习提出了不同的概念和内含，主要的说法有：①借助无线通信网络技术与移动通信设备开展的碎片化学习；②存在于新媒介生态系统中的微型内容和微型媒体的新型学习方式；③它是未来远程继续教育的主要学习方式；④新媒介时代微型学习的主要表现形式。

因此，在高校继续教育的信息化建设中，微信、微博、微课等微平台的学习已经成为新生代员工的主要学习模式，并逐渐被员工接受，也成为传统高校继续教育课堂教学模式改革的重要方向。

（二）新生代员工继续教育

继续教育主要分为学历教育和非学历教育两种，新生代员工通过参加成人高校的学习、培训和考试完成学历教育，成人高等教育曾经是新生代员工继续教育的主要途径，而在国家的教育改革中，要求2020年前取消全国统一成人高考，按照《国家中长期教育改革和发展规划纲要（2010—2020年)》的精神，2014年国务院取消和下放了教育网校审批，2015年、2016年先后取消了校外学习中心点、教育网站和网校的审批，而所有的高校都具备了网络继续教育的资格，将高校的人才培养体系和高校整体质量评估都纳入了继续教育，高校学历继续教育新模式拓宽了新生代员工继续教育的渠道。

在这种形势下，在线教育、慕课教学等继续教育新模式不断发展，高校教育也将面临成人教育与普通教育相互融合的战略转型，线上与线下的教育信息化也将为新生代员工提供强大的业余学习网络服务，以适应新生代员工成熟的思想、轻松趣味、有目的地学习、非正式学习、实用性等文化学习娱乐的学习需求，碎片化的学习也解决了许多工作、生活和学习的矛盾。

高校继续教育的新生代员工结构也正趋向于“80后”和“90后”的在职人员，这些人成了继续教育的学习主体。他们具有非常明显的现代人特征，信息素养比较高，容易接受和掌握互联网网络学习。

二、设计原则

高校继续教育信息化建设中的移动微型学习模式的设计原则，要充分考虑新生代员工、成人高等教育、高校继续教育和企业需求的特点。

（一）可操作性

移动微型学习模式是新生代员工的非正式学习途径，是作为系统、全面的正式学习以外的补充学习，这种学习模式具有可操作性，投入较少的时间和精力而能快速实现学习的目的，不投入大量的人力、物力和财力去开发学习平台和微型课程，也不能代替传统的正式学历教育学习。

（二）交互性

传统远程继续教育学习平台是“一对多”的教育模式，师生基本没有互动和交流的机会，而移动微型学习模式中的微平台教育是“多对多”的教育模式，多元化的学习主体拥有智能手机、平板电脑等移动学习工具，新生代员工能够方便、快捷地获取学习信息，能够持续获得信息服务，移动微型学习资源也包括了微课、音频、视频等多种形式，线上线下的实体和虚拟的学习空间，多元化教育的移动学习要素之间形成了良性的互动，师生之间、人机之间、人与技术之间、技术工具与空间资源之间、实体和虚拟之间，都在发生着交互作用，激发新生代员工学习的热情。

（三）共赢性

在移动微型学习模式中，成人学校、高校、企业、新生代员工都能从学习中获取收益。成人学校通过这种碎片式学习，有效解决了新生代参加正式学习和工作之间的时间矛盾；企业也能提高员工的知识水平和岗位技能，节省企业人力资源对员工培训的管理和培训成本；新生代员工也能在工作、生活之余使学习成绩得到提高。总之，使学习模式中的参与主体，都获得了自身的利益，获得了学习、生活的共赢。

三、学习模式的建构

高校继续教育信息化建设中，新生代员工的移动微型学习模式的建构，主要包括学员学习需求、移动微型学习资源、移动微型学习平台、教学环境、教学设计、教学评价等方面。移动微型学习模式的建构如图 4-1-1 所示。

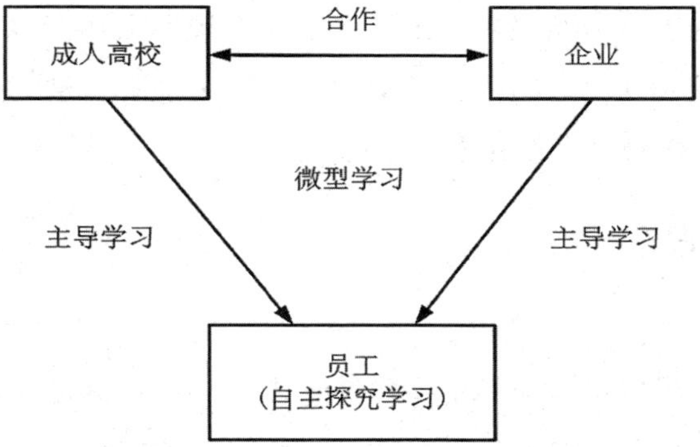

图 4-1-1　移动微型学习模式

（一）学员特征及学习需求

1. 性格特征

高校继续教育的学习主体是“80 后”“90 后”“00 后”的在职人员，年龄集中在 18～35 岁之间，这群学员普遍为独生子女，因此与其他人的交流有别于非独生子女，在自我意识和尊重意识上常表现出独到的见解；在有关团队合作与团队奉献的活动中，属于独生子女的学员往往要花费较长的时间与精力来体会团队精神。在互联网的影响下，学员在虚构的世界中更容易表达自己的内心情感与思想，因此他们往往有较强的网络沟通能力，这便于他们在网络中进行沟通交流；在现实环境中进行沟通需要有丰富的沟通技巧，如果欠缺这种技巧，则不利于学员的人际交往，同时造成学员内心空虚与无助，使得学员面对挫折时无法表现出强大的心理素质和良好的抗压能力。

2. 文化特征

在信息化时代，互联网已经全面嵌入新生代员工社会生活的方方面面，对他们获取知识和提高人际交往能力有着重要的影响，他们对外界事物的认知开放性更高、怀疑性更强、好奇心和求知欲更浓烈，这些特性导致他们更有主见、更不受束缚、更喜欢创新。在思想多元化、价值观多元化的冲击下，人生目标更加物质化，文化需求也呈现出后现代文化的大众平民文化，对于高深的知识通俗化、易懂化、易记化，甚至带有一些娱乐化；教学过程学会与做相结合、学与思相结合、学与问相结合，实现抽象的知识形象化、可操作化文化需求特征。

3. 学习需求

高校继续教育主体是新生代员工，由于新生代员工和大学生群体在性格和文化特征方面存在差异性，与高校大学生的学习需求是有区别的，因此高校继续教育教学内容和教学形式也有着显著的不同。

（二）学习资源

1. 资源分类

高校继续教育在构建移动微型学习模式中，学习资源建设是新生代员工继续教育学习的基础，根据对新生代学员的实际学习需求调查分析，对移动微型学习资源进行了分类，主要包括：①语言训练，满足学员对各语种语言的音频和视频学习需求等；②职业技能及安全教育；③专科、本科、研究生等学历教育；④休闲娱乐、知识百科；⑤中西方文化知识。

2. 资源建设

适合新生代学员的微型学习资源建设，是高校继续教育满足学员数字化学习需求的重要内容。移动信息技术的极大发展，冲击着传统的继续教育模式，为现代化信息资源建设提供了技术支持。移动信息资源建设要打破传统的教学、科研、管理的时空限制，建立不同学科、不同高校、不同国家的继续教育资源共享机制，为新生代学员提供主动获取知识的移动学习数字化资源、移动通信的学习环境，体现出高校继续教育的交互性、教学活动的情境性等现代化教育方式，新生代学员可借助移动智能手机等移动学习设备方便快捷地学习、共享优质资源。根据学员的学习资源分类，提供线上线下相结合的供给方式，提供精准的个性差异化学习资源，从而满足学员学习的需求，促进移动信息技术的发展，创造更多的移动学习资源，提高高校继续教育的竞争力。

针对学员不同的学习资源需求，借助互联网丰富的网络信息资源，利用微信、微博、微课等方式，促进学员的职业技能、安全教育及企业文化的学习，充分利用企业现有的学习资源联合高校继续教育，提供可操作的微型学习资源，调动起学员学习的积极性和主动性。

（三）学习平台建设

在互联网网络走进千家万户的信息时代，适合各个年龄段、各个阶层的学习平台已经应运而生。移动微型学习平台技术框架的构建，和我们网络教学平台的拓扑结构，在功能模块、业务流程等方面是相类似的，唯一不同的是利用的通信协议不同。因此，在推动学习平台建设中，不只是平台信息技术的建设，更重要的要落实到学习上来，提高对新生代员工的继续教育质量。学习平台建设的重心要从技术建设转变为育人建设。

高校继续教育要积极利用现有的微信、微博、微课、慕课等平台整合微型学习资源，利用移动终端、移动学习技术网络环境、移动学习平台、移动学习资源等构建新生代员工移动微型学习的平台管理体系，实现移动微型学习平台和网络教学平台、非正式学习和正式学习相互融合，形成新生代员工继续教育学习的综合学习平台环境。同时要让移动微型学习的主体在移动技术人机融合的平台建设中，获得高质量、高标准的教与学的愉悦体验。

（四）教学设计

1.QQ 开展微型教学

对于新生代员工来说，QQ 对他们来说并不陌生，而且还是伴随他们成长的交流工具。学员可以根据自己的学习需求，加入相关的群组里，这样就能随时随地地学习，还可以在群里互相交流、讨论学习，对于组建 QQ 群组的管理者来说，就要随时关注群里学员的学习情况，发布教育、教学信息，更新学习资料，督促群里学员的学习，有效提高新生代员工的学习效率。

2. 微平台学习

现在学员常用的微信、微博、微课、慕课等微学习平台，学习内容丰富多彩、短小有效、趣味性十足，可以满足不同学科、不同行业、不同领域的学员自主学习，作为正式学习的补充学习，利用碎片化的时间给自己充电，有利于员工更多、更快地获取自己所需要的知识和信息。借助移动设备创造良好的学习环境，构建自己的学习空间，根据学员的具体问题、个体需求，选择不同的学习方式，实现学员学习的多样化创新教育功能，学员是为了解决现实的问题、提高自己目前岗位技能、提升自身的文化修养而进行学习的。

3.App 学习

高校继续教育信息化建设下的新生代员工学习，更注重学员能力素养的培养，个性化的学习方式、深层次的学习资源，也体现出数字化教学的便捷性。例如，我们关注的全科医生，是人们基本健康的重要守护人。目前我国全科医生的整体业务素质、医疗技术水平都有待进一步提高，因此要完善我国全科医生继续医学教育体系。为了缓解这种困境，2018 年 9 月由北京市健康委员会、社区卫生协会等社会组织共同启动了“百日练兵”活动，利用线上“百日练兵”App 平台，开展了一次北京市全科医生移动学习活动。

活动得到了北京市 5 033 名全科医生的积极参与，App 平台建立了常见的高血压、糖尿病、呼吸系统疾病等 6 种疾病的 6 个模块知识库。在全科医生中间开展每日答题、微课学习、经典案例视频学习的百日学习活动，还设计了答题竞赛环节，增加了医生之间的趣味互动，还对“百日练兵”活动进行了问卷调查。通过这种形式的学习，不仅提高了全科医生的学习能力、医学技能，还对 App 学习平台进行了一次考验，使学习平台建设更加完善。

（五）教学评价

高校继续教育教学评价，也要随着教学环境、教学理念、教学内容、教学方法与手段等的教学改革来不断地改进评价标准，要注重教学评价过程化，从多维角度来考核继续教育。移动微型学习活动也要从学员的学习兴趣、教学活动的微型化、学员的学习体验等方面的反馈来考核。移动学习主体范围的扩大，学习时间的延长，也为学员提供了灵活开放的终身教育环境，为构建学习型社会提供了强有力的支持。

四、学习支架设计

作为用在建筑行业的支架，借用到移动微型学习模式中，被隐喻为新生代员工在移动学习中的帮手——学习支架，即社会、家庭和学校提供给学生的学习帮助，是在学员学习过程中给予的经验性支持，促进学生建立起新旧知识的联系并能解决手头的实际问题，学习支架随着学员自主学习能力的提升而逐渐消失。发达国家甚至开发出了一种有效教学的学习支架。

（一）学习支架设计原则

由于学习支架是针对新生代员工在移动微型学习模式中的应用，因此学习支架地设计要充分考虑到特定的成人教育对象——学员的因素，由于学员各自的学习背景、学习关注点都各不相同，学习又缺乏系统性规划、学习评价体系，因此学习目标不明确、学习时间比较松散，没有持续性学习的动力。因此，学习支架设计要遵循以下 6 个原则。

1. 适时性

学习支架要在学员需要帮助的时候提供阶段性支持，以保证学员自我学习和自我发展的空间。

2. 动态性

学习支架要随着员工的学习动机、学习进程的变化随之调整变化。

3. 个性化

根据学员差异性的学习风格和学习水平提供个性化的学习支架。

4. 引导性

引导学员学习，激发其学习动力、学习兴趣，提高学习效率。

5. 多元性

体现在多元化的支架角色（教师、家长、社会、技术等）、支架方式和支架工具上。

6. 渐退性

学习支架在学习任务完成后逐渐撤离，促进学员个体知识建构。

（二）学习支架内容

学习支架的内容包括以下 6 个方面。

1. 目标方向

在明确学员学习起点水平、学习能力的基础上，引导学员树立正确的学习目标。

2. 任务资源

帮助学员明确学习资源的主题范围，减少对海量资源信息地检索，完成学习任务。

3. 评价诊断

在移动微型学习模式设计中，为学员提供学习数量、质量和效果等方面的自我评价诊断平台，帮助学员在学习过程中发现自己学习中的漏洞，及时有效地改进学习方法，提高学习效率。

4. 方法策略

新生代员工的继续教育学习是在真实的工作之余提高自己，要为学员提供学习方法、学习情境、学习平台、学习策略等支架支持，促进学员自己建构知识结构，提高学习效率，从而获得学习的快乐。

5. 工具技术

现代移动信息技术的发展，智能手机、平板电脑等移动学习终端设备的广泛应用，都为学员提供了学习的技术支架，微信、微博、微课、慕课、各种 App 的学习工具，也为学员参与学习提供了支持。

6. 文化制度

网络信息时代，作为企业工作者的新生代员工，要学习企业文化制度、企业理念、企业管理，培养员工的创新学习能力，提高企业的国际竞争力。

五、学习推进策略

移动微型学习在新生代员工继续教育中能否得到推广，需要现代教育技术与继续教育深度融合，促进正式学习与非正式学习二者统一的数字化教学支撑环境建设日趋完善；需要政府及教育主管部门出台更多的扶持政策，高校、企业关于移动微型学习在继续教育应用中达成的充分共识，能够相互配合、协同创新，搭建校企联盟移动微型学习平台。为此，有必要从政府、高校、企业三个维度提出移动微型学习在新生代员工继续教育领域中的推进策略。

（一）政府

党中央、国务院对教育信息化建设高度重视，信息化建设也因此成为国家的战略目标。在党的十九大报告中提出要加快教育信息化发展，把教育事业放在优先发展的地位。互联网行动计划、大数据发展行动纲要等有关政策先后出台，我国在《教育信息化十年发展规划（2011—2020年）》中提出了终身教育体系，高校继续教育作为公共服务平台，实现了数字化信息时代的资源共建共享，政府部门在信息化建设中提出移动微型学习作为高校继续教育的新模式。政府部门要积极发挥主导作用，推动校企合作的持续开展，鼓励移动通信运营商积极参与网络信息化建设，搭建移动信息交流平台。5G技术于2018年的世界互联网大会上惊艳亮相，5G经过一年的与制造业的技术转化，5G平台将会有广阔的应用空间。2019年第六届世界互联网大会上，乌镇道路上行驶的无人驾驶汽车，通过5G网络的远程操作，实现了在道路上车辆的避让、十字路口的准确停车与启动、到达目的地以后准确地驶入预定的车位。政府要积极鼓励这种互联网信息技术在高校继续教育中的运用，推进信息技术现代化的发展。

（二）高校

在党和国家对教育信息化发展高度重视的前提下，高校继续教育也迎来了大数据时代的到来，大数据海量的信息资源和对数据地收集、分析，为高校继续教育学习模式创新提供了更大的发展空间。高校继续教育，是相对于正式的学历教育而言的一种学习补充，移动微型学习是以新生代员工为中心的个人自主学习模式，能够很好地解决员工工作和学习之间的矛盾。高校要积极推进继续教育信息化建设的创新改革，推动移动微型学习模式的员工培养，整合现有资源构建微型学习平台，为员工提供实用有效的微型学习资源，丰富新生代员工继续教育教学手段，促进学员养成自主学习、终身学习的好习惯。

（三）企业

企业中的新生代员工是移动微型学习的主体，企业要积极推动移动微型学习模式的构建和学习平台的建设，这样企业可以最大化地利用培训资源、降低培训成本、提高工作效率。具体应用到企业的实际工作中，可以鼓励员工利用碎片化时间进行学习、岗前培训，鼓励员工积极参与到学习资源的选择和制作中，充分调动员工参与学习、参与资源建设的积极性，还可以在政府的帮助下，与高校继续教育合作，共建共享学习资源，丰富员工的学习资源，共同推动继续教育的信息化建设。

华为从 1987 年成立后的 30 多年来，一直是 ICT 领域技术领导者，华为在运营商业务领域，服务全球超过 1/3 的人口；在企业业务领域，覆盖政府及公共事业、运营商、能源、金融等行业；2018 年华为企业通信将 AI 作为产品核心竞争力，积极利用 AI 技术为用户实现智能化的企业通信协作体验，华为云在软件上专注于大量的架构和核心算法，在硬件上专注于抓好构架和芯片，积累了深厚的软硬件和数据中心基础建设的经验，在云 2.0 时代，华为云利用领先的技术水平、全球化的运营能力和世界级的品牌影响力，联合合作伙伴为全世界大中小型企业打造极致性价比的智能云服务。

到 2019 年，企业通信市场向云转型的趋势愈发明显，企业云通信已经成为企业的信息中枢，云部署的企业通信市场占比将达到 56.7%，而华为企业通信业务在中国区份额已经连续六年第一，市场占比接近 40%，很多行业将华为作为企业通信的第一品牌，华为企业通信业务又将着力开拓海外市场，华为利用自己的企业品牌，应用领先的技术，构建和谐商业环境，实现自身的健康成长。

在华为深圳总部建有一座单独的大型建筑——华为大学，是专门为华为员工提供继续教育的教育机构，华为大学的课程设置超过了 25 000 种，满足了华为员工继续教育学习和培训的需求。

第二节　翻转课堂学习模式

一、学习背景

2014 年的现代教育模式之一就是翻转课堂，不仅在普通高校中普遍推广，而且随着信息技术的不断发展，在高校的继续教育中也逐步引入翻转课堂学习模式。

“翻转课堂”是将传统课堂的课堂讲授翻转成“课前网上学习，课中讨论”的教学模式，是传统课堂和在线教学相结合的有效课程学习方式，是一种“知识传递—内化吸收—知识升华”的教育创新改革。

翻转课堂得以实现的基本条件就是信息技术的支持，教学过程中以学生自主学习为主导，将课堂转变成学生学习的场所，学生快乐地接受、吸收新知识。在高校继续教育领域，学习的主体对象是企业的在职工作人员，“80 后”“90 后”的网络原住民居多，他们是在互联网时代下成长起来的，智能手机、平板电脑等移动设备是他们必备的生活和学习工具，再加上信息技术在教育领域的广泛应用，使得翻转课堂学习模式在高校继续教育信息化建设中首当其冲地成为学生乐于接受和喜爱的一种学习方式，也使得翻转课堂教学模式在高校继续教育中变得可行。

翻转课堂的学习步骤如下：①课前，学生可以自由选择时间和地点观看教学视频，初步了解和掌握所学课程内容；②在课堂上，教师对课程内容进行深入地讲解，师生之间可以分享问题、交流心得、互相讨论，充分掌握所学知识；③课后，学生在对所学知识进行巩固和复习的时候，可以反复观看教学视频，进一步深刻理解知识内容。

翻转课堂教学模式普遍应用在中西方教育教学中，美国在中小学教育直至大学教育教学中都积极推广采用翻转课堂教学；在我国的重庆、深圳、广州等城市也纷纷建立起翻转课堂的教学试点。2018 年 9 月，北京师范大学与希沃在广州签署战略合作协议，基于希沃的“易课堂”产品在广州实验学校开展翻转课堂教学模式研究，他们从 2018 年 5 月份开始接洽，用了近 4 个月的时间，对信息化教育产品分阶段开展全面合作，利用北师大的科研资源和希沃的技术资源，共同探索翻转课堂教学的新模式，实现教育从知识传递到自我发展的深刻改革，使得教育信息化改革全面提升。

二、学习可行性

（一）满足学生学习需求

互联网信息化时代的到来，各种网上教育培训也层出不穷地出现在我们的视野中，作为继续教育的学生也有了更多的选择，如远程教育、网络课程、微课、各种 App 学习资源，由各大知名院校教师强力组合的 MOOC 平台网络课程获得了更多渴望接受大学教育的学生的青睐，他们可以通过学习考试获得学位证书。激烈的网络教育培训市场满足了继续教育学生的学习需求，同时也对高校继续教育信息化建设提出了更高的要求。

在学习资源和学习模式上，需要有更加具有趣味性、实用性的微型学习资源，要有更加灵活快捷方便的学习方式，利用碎片化时间进行学习充电，解决工作和学习的矛盾，要具有现代教育意识，用通识教育的理念完善高校继续教育教学。基于移动微型学习平台，翻转课堂学习模式也逐步被人们认识和认可，可满足继续教育学生微型学习的需求。

（二）创新教学模式

中国的教育信息化从 2018 年开始，信息化带动了教育现代化，我国的高校教育全面进入融合和创新的 2.0 阶段，教育方式伴随着每一次重大的技术变革发生着变化，工业化时代的教育模式很难适应信息化时代对人才培养的需求，我们要进行教育体制系统的重组和改革，5G、AR、VR 的发展，为继续教育提供了强有力的技术支持，未来教育是优质资源共享的智能教育时代，智能教材、同步课堂使得优质的教学资源得到了共享，我国慕课的应用规模、资源得到了全世界的认可。

创新高校继续教育教学模式，重要的还是师生角色的转换，要以学生为中心，学生是课堂的主角，教师指导着整个教学活动的过程，同时也是组织者，教师要积极研究、融合优质课程资源，要学会用人工智能来进行教学，注重能力教育，改变高校继续教育方式、教育环境。在西安电子科技大学有一间全天开放的智慧实验室——AI+ 模电实验室，学生的一切学习活动全部由人工智能协助完成，现代化的教学模式、新颖的教学方式，提高了教学效果，也提升了学生的工程素质。

（三）引入翻转课堂

在信息化时代的高校继续教育教学中，我们要打破课堂教学排排坐的听讲模式，打造智慧课堂，引入翻转课堂。翻转课堂的概念是在 2007 年由美国的两个化学教师提出来的，将传统课堂知识讲授放到课堂外的视频教学中，而在课堂上通过师生之间、学生之间互相解答学习中的疑问，使知识内化、转化为运用能力，充分利用在教师主导下的学生自主学习的课堂教学新模式，培养学生的沟通协作能力、批判性思维能力、创新能力以及计算机思维的能力，以适应未来人才的需求。

三、学习模式设计

高校继续教育信息化建设下的翻转课堂学习模式，课前的视频教学网络资源更加精准地对应学生学习的各种需求，学生可以利用工作之外的零散时间来安排学习，使得学生对教学内容有一个清晰明确的课前预习；课堂上的网络课堂和课堂讲授讨论教学互相融合应用，促进了学生对知识的消化吸收。翻转课堂重视正式学习与非正式学习的相互融合，其得到了学生的青睐。

（一）打造学习交流平台

在信息化时代的当今，翻转课堂的移动微型学习要充分整合现有的互联网教育资源、教育平台，从信息化技术建设回归到学习中，优化资源整合，共享优质资源，开展高效、易行的翻转课堂教学。高校继续教育中支持翻转课堂的移动学习平台，如图 4-2-1 所示。

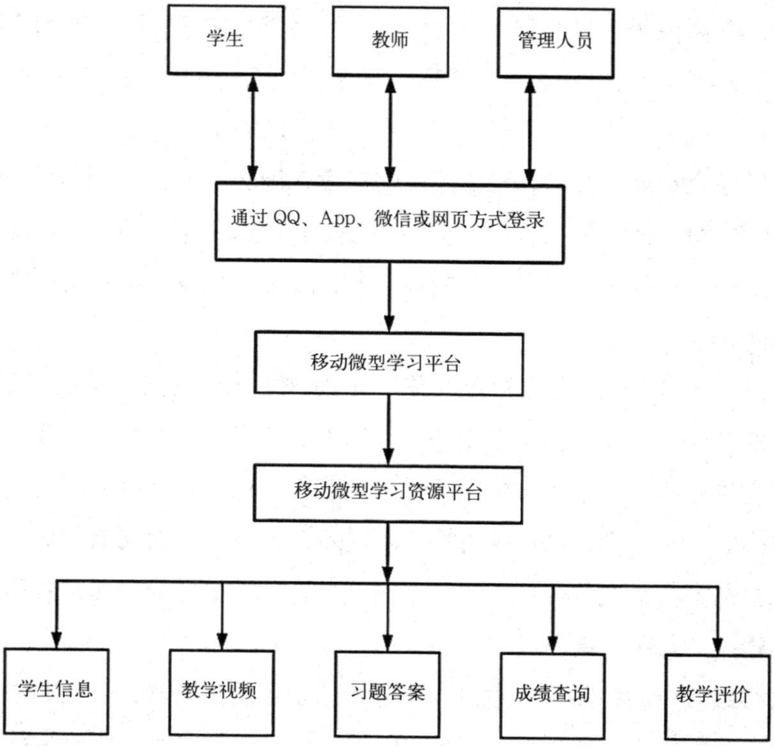

图 4-2-1　支持翻转课堂的移动学习平台

学习交流平台的学生、教师可以通过智能手机、平板电脑、笔记本电脑等移动设备，观看视频学习了。在学习资源平台上，其功能和传统的网络教学平台有很多相似，可以查询学生的基本信息（注册登录时间、交费情况、截止日期等信息）、教学视频学习信息，还有练习、成绩查询、教师对学生学习的评价等信息，都可以随看随学随查。视频教学中丰富多彩的学习资源，灵活的学习时间，使得功能强大的翻转课堂学习受到了继续教育学生的欢迎，信息技术强有力地保障，更有利于实现高校继续教育信息化建设的开展。

（二）建设精品课程

在高校继续教育的翻转课堂学习模式中，教学视频的质量和练习资源是非常重要的组成部分，课前的教学视频是学生学习的主要内容，在学习平台上还有练习题可以巩固所学的知识。要不断完善高校继续教育机制，以适应新媒体时代学生的网络学习需求，创建更多的网络学习途径，开发优质的网络学习资源，建设精品课程，更新视频学习内容，满足学生个性化学习需求。国内外知名的精品网络课程有：Audacity、Courser、EDX、爱学习、有道精品课、学而思网校、慕课等，实用、短小、精悍的课程安排，吸引了大量的学习者在网络上进行继续学习教育。国家也启动了智慧教育示范区的建设，淘汰“水课”“水师”，建立起适应信息化时代的“金课”“金师”，进行高校教育课堂教学的改革，构建线上线下、混合式、虚拟实验等课堂“金课”模式，充分融合信息技术，从而促进教育教学的课堂创新。

2018 年 1 月 15 日，我国教育部首次正式推出 490 门国家精品在线开放课。已经公开的在线开放课，涉及多学科，包括人文科学、理工科、职业教育等，具体的课程安排有西方文明史、中国哲学经典著作、汽车发动机原理、航天器控制原理、中式面点制作等，也有相关的教学视频。2019 年 4 月又有 801 门精品课程荣获第二批国家精品在线开放课程，中国“慕课”数量已经位居世界第一，也向高质量的精品“慕课”建设迈进。

高校继续教育的精品课程建设，要坚持“学生受益第一、开放共享为先”的基本理念，为学生精选质量高、共享范围广、示范性强的视频教学课程，在 2018 年的调查中发现，这些精品课程当中比较受欢迎的课程像国防科技大学的“大学英语口语”、同济大学的“高等数学”等，选学人数都接近 90 万人次。精品课程的建设也得到了像北京大学、清华大学、哈尔滨理工大学等一流大学、一流教师的大力支持和积极参与。

（三）设计合理的教学过程

学生的自主学习，是一种高校继续教育的学习形式，通过翻转课堂的课前、课中、课后三个阶段的自主学习，设计出翻转课堂的合理教学过程，帮助学生更好地完成继续教育学习。

“智课”是“智课教育集团”旗下的出国考试翻转课堂品牌，智课的主要教学模式就是“翻转课堂”，和各大高校继续教育、国际学校、教育培训机构联合为学员提供雅思、GRE、托福等出国考试学习服务。从 2017 年起，它就和中国矿业大学（北京分校）达成战略合作，基于“智课 Inside”线上学习资源，为矿大的继续教育搭建了出国学习的空间，探索矿大学生翻转课堂学习新模式，为学员提供标准化的出国考试语言学习测评。智课 Smart 学习系统中含有 12800 个知识点、专家课程、150 万个的出国考试题库，学生可以在 Smart 系统中学习各种语言知识，还可以进行选择性地练习，实现“一人一课堂，一人一名师”的个性化学习，同时还可以接受线下个性辅导，这大大提升了学生的国际竞争力。

1. 课前

翻转课堂的课前学习。学生登录学习平台，基于云端、学习平台存储的高质量、标准化的专家视频课程，学生可以自主在线学习权威课程、自己需要的内容，还可以在交流平台上对各种问题进行交流、沟通、讨论，完成标准化的知识输入。该平台还有基于知识点的在线练习，学生在学习完成之后可以在线练习，强化对知识点的运用和掌握。学生每次学习开始的时间、结束的时间、学习过程和练习结果都会在系统中记录并反馈。系统中，教师会对学生提交的作业进行一对一批改，对于外语口语和写作会逐句点评，最后形成一份综合的学习报告，对学生本次学习进行全面的分析和点评。

2. 课中

翻转课堂的课中教学方式，与纯粹的网络教育、传统的高校继续教育都有着明显的不同。学生通过移动微型学习平台对所教授的课程提前进行了自主学习，因此翻转课堂中的教师不再讲授这些知识点，而是针对学生在学习过程中遇到的问题组织课堂讨论和学习，完成知识的内化和升华，同时也要培养学生的沟通协作、分析问题、解决问题的能力。因此，翻转课堂中的教师，要耐心、专业、细致地解答学生的问题，而对教师的教学能力和理论水平不用苛求，这部分教师也可以由兼职的教师、在读研究生、网络课程讲授名师参与到翻转课堂的教学中来，实行弹性学习、上课时间和上课次数由师生双方共同协商决定。

智课教育的师资队伍建设也具有权威性，都是行业最具权威的出国考试培训专家，这些教授专家的平均教学经验都在10年以上。翻转课堂的课中教学，坚持以学生为中心的教学理念，按照学生需求制定教学方案。教师通过平台云端系统的学生反馈结果，通过在线一对一的直播互动教学，教学过程中实现课件、板书、摄像头同步开启，个性化地解决每个学生的问题，完成对每个学生的针对性教学辅导，针对本次学习过程表现和在课堂上学生的互动表现，客观反馈每个学生的学习情况，有效地提升了学生的学习效果，真正实现了针对性、个性化教学辅导。

在高校继续教育翻转课堂中，要特别重视“课中”学习。一方面，移动微型学习中的学习资源没有系统性，且呈现无深度的平面化发展，学生没有很强的自主学习意识，通过课堂中教师的点评和师生间的问题讨论，可以弥补学生在课前知识点的遗漏，提高学生的学习效率；另一方面，对教师也提出了新的教学要求。继续教育学习的主体是在职员工或者需要学历的学生，因此课堂学习可以构建知识体系，改变学生学习的目的，真正从翻转课堂教学中学到新的知识和技能，实现高校继续教育的育人功能。

3. 课后

通过“先学再教、先练再教”的翻转课堂学习后，学生通过个性化和针对性的系统反馈和教师反馈、数据结果分析，完成对问题的分析和解决，按时保质保量地完成学习任务。课后还要温习知识点，对问题进行总结和内化，通过移动微型学习平台进行趣味性的综合学习，提升自己的综合能力和文化素质。学生参与继续教育的另一个重要原因是通过学习认识更多的人，交到更多的朋友，学生通过互动交流的QQ群、微信群进行同学之间的沟通交流，增进彼此的感情，也能拓展自己的交往圈。同时高校继续教育还可以组织线下拓展活动，增强学生之间的交流，完成学习的同时还增进了人际关系。

第三节　校企共建共享课程资源

一、继续教育开放课程研究现状

我国的中小企业是我国社会经济主体的重要力量，也是落实“人力资源强国战略”的重要阵地。中小企业的核心竞争力也是人才的竞争，在2013年教育部的工作要点中，也提出高校继续教育信息化建设要与企业的继续教育共建共享课程资源，高校继续教育信息化还是终身学习和学习型社会的重要体系支撑，高校教育信息化是全社会公共服务的平台。在国家重视、政府号召下，高校面向企业的继续教育日益受到人们的重视，越来越多的高校和企业都加入校企共建的队列中来，积极探索校企共建的教育教学模式。

我国的优质高等教育资源在教育环境、教学内容等方面都是有限的，而信息化时代的到来，呼吁要开放高等教育资源。高校教育在“开”“放”之间也在徘徊。个别高校在开放校园后，校园内就涌来大批的社会人员参观学习校园环境、校园文化、校园课堂，影响了高校在校生的正常学习和生活。

在线开放课程在很大程度上缓解了这一矛盾，名校教师出现在开放课程的视频教学中，从社会角度来看满足了知识传授的需求，也达到了开放高校优质教学资源的双重目的。目前开放课程存在的问题有如下三个方面。

（一）与传统课堂授课不同

开放课程与传统形式的课堂授课有很大的不同。在线开放课程需要学生和员工主动搜索自己喜欢的课程并注册，才可以学习，由于是自主学习，只有认真主动地学习开放课程，才能学到自己所需要和感兴趣的知识，提升自己的知识水平。

（二）缺少互动

现有高校继续教育在线开放课程都是单向的教师教授环节，缺少互动环节。听课学习的人员在学习过程中会有疑问，这时候就不能像传统课堂那样随时提出，也不能像学习平台那样可以随时交流沟通，缺少了师生之间的互动学习。师生之间的互动沟通，是任何一种教育模式都不能缺少的，这才能体现出教与学的教育目的，才更能体现出开放课程的价值。

（三）维护在校大学生的学习权利

高校陆续开放的在线学习课程，是对校外人员学习的一种补充，不能影响在校大学生的正常教育，要加强对传统课堂的管理，维护高校教育的正常教学秩序。在校大学生都是通过选拔性考试进入高校的，这些大学生学习的权利，也是公共教育资源合理分配的一种形式，要充分保证在校大学生的教育教学资源，控制社会人员出入高校课堂也是推广在线开放课程的目的之一。

二、企业员工学习需求

校企共建中的企业教育，主要是对企业中的员工进行继续教育，提高员工的科技文化素质，提高员工的职业技能，最终提高企业的经济效益。因此企业教育具有产业性、职业性等特征，因此，要在校企共建共享的课程教育中体现企业教育的特征，实现校企共建的强国战略。

（一）内容简洁实用

目前的高校继续教育对企业开放的教育课程中，还是以理论基础知识为主，以学科知识为中心，讲授的课程内容还是和高校课堂中讲授的内容相似，而忽视了企业教育的特点，与企业转型期需要的课程学习相脱节，课程内容、案例更新的速度慢，脱离了企业实际需要，导致企业对高校继续教育培训失去了信心，转而将更多的人力和财力用于直接招聘企业需要的人才。

企业员工的学习，要灵活设置课程教学内容，重视培养企业员工的基本技能和应用能力，在讲授专业理论的时候联系实际案例，提高员工的管理能力、职业岗位技能。要提高员工对继续教育的学习培训热情，积极促进校企共建。

（二）融入企业行业文化

企业是社会市场经济中的参与主体，在企业运行的过程中产生了企业自身的企业文化、行业文化，相对于社会文化，企业文化是超前的，行业文化更是体现了时代发展的需求，是企业和员工共同遵守的行业道德规范。因此对于企业员工的继续教育要反映出时代的特征，行业、企业的文化特征要适应时代的发展。要在高校开放的系统性、理论性的课程中，融入企业文化，联系企业发展的实际情况，解决员工工作中的实际问题，这样才能得到员工的认可，得到企业的认可，从而更好地促进学校和企业的合作共建。

（三）教学模式多样

信息化时代的企业员工教育，要创建多元化的教学模式，利用多媒体、5G、智能化的网络教学手段，采用网络学习平台、在线学习等多种多样的教学模式，调动企业员工学习的主动性和积极性，在高校继续教育专业教师的引导下，融合企业教育的特征，提高教学效果。

（四）有效的考核机制

有效考核才能激发企业员工的学习积极性，才能获得更好的教学效果，教育培训才能得到企业的认可。开放课程教学中，要重视员工的应用能力（销售能力、管理能力、岗位技能等）考评，使员工能够学以致用，提高员工工作效率，促进企业生产发展。要改革现有的课程考核方式，实行学校和企业共同考核。通过增加企业或者行业协会参与课程考核的机会，来实现企业员工开放教育的教学目标，向培养“学历＋技能”的复合型人才转变；同时，积极鼓励企业员工考取职业资格证书，通过证书顶替的方式可以免修、免考部分对应的课程。

三、建设途径

（一）校企共同参与

校企共建共享的课程建设，要适应区域经济发展和产业结构调整，融合区域行业企业特色、企业文化等与企业相关的实际情况，将企业的岗位技能要求融合到教育内容中，课程设计采用行动导向、项目教学等方法，要注重培养企业员工的岗位应用能力和职业技能。

在课程建设中企业要参与到员工的培养过程中，参与到高校继续教育的教学工作和课程设置中，高校要按照行业标准培养企业员工的工程能力和创新能力。企业教育课程资源的构建和教育部制定的卓越人才培养计划相互促进，卓越计划课程的安排、教学计划等教育教学内容同样适用于企业教育的课程构建。校企共建共享的课程资源同时适用于企业员工和在校学生的自主学习，因此在构建校企共享课程资源时，学校和企业的相关部门都应该积极参与，进行课程设置、开发和建设，共同建设适合企业员工学习的教学课程、实验课程。

（二）两种学历课程的融合

高校继续教育分为学历教育和非学历教育，这两种教育互相制约又互相促进。企业员工在学习和培训中，根据自身的情况，选择学科课程。共建共享的课程就要充分考虑到这两种学历教育的互用性，只要这两种学历教育中有共同的课程时，在学习培训中就可以互相免修，即学历教育中已经学习过的课程，在非学历教育中就可以免修这门课程，同样，企业员工在进行非学历培训合格后申请学历教育时这门课程也是可以免修的。这样企业员工在选择课程时就会非常重视，也会产生较好的自主学习效果。

进行课程考核时，要将企业需求放在首位，结合企业员工学习的特点，注重“学测评导”一体化考核模式。企业员工在完成新知识的学习后，就紧跟着在线测试，及时做出测评，在培训合格后再进入下一个知识点的学习。学习和考评要逐步进行，及时更新学习内容和考核标准，保证课程学习的质量和考核效果，适应企业当前的发展需求。

（三）共建共享资源

我国高校为了提高教育质量和解决学生就业问题，要和相关专业的企业合作共建，整合学校的专业教学优势和企业优势，为学生创造良好的学习环境，也为企业员工的继续教育和培训提供优质的资源，这实现了校企资源和信息的流通，实现了校企双方的共赢模式。

校企共建共同培育优秀人才，实现校企双方需求的无缝对接。例如，贵州万通汽车教育在 2019 年推出的两期“校企共建班”，联合了各个汽车行业企业（吉利、奥迪、宝马等），使学生学到了多元化的内容，也为学生实习实践提供了丰富的经验。同时开设“校企共建定向班”，企业会向学校提供助学帮助，也会安排企业内部的讲师到学校进行宣讲，定期开展丰富的课程内容讲解活动。

校企共建共享机制由四个要素组成：教育理念、技术规范、制度建设和后续服务，如图 4-3-1 所示。

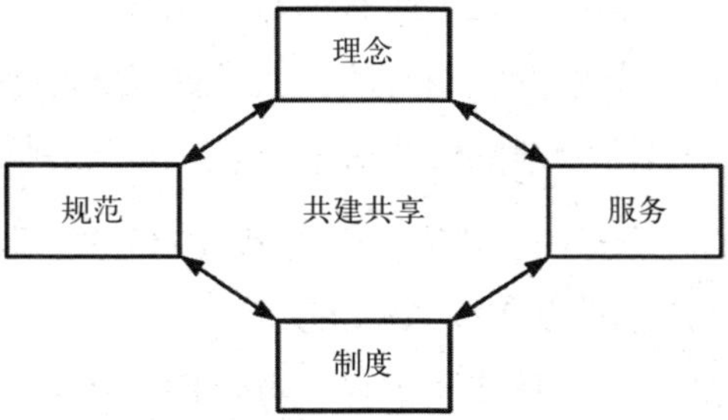

图 4-3-1　共建共享机制

在校企共建共享课程资源建设中，要充分重视共建共享机制中的四个要素，明确校企共建教育理念，构建自主学习、开放、交互协作的共享课程，采用统一技术规范去开发共享的课程资源，尊重知识产权，只有知识产权清晰，利润分配合理，才能消除学校和企业在网络教学资源共建共享方面的顾虑，更好地调动企业参与课程建设与应用的积极性。提供后续的网络支持服务，保障校企共建共享课程的有效利用，并为企业员工学习提供服务，充分利用学习平台在线答疑解惑，促进校企双方共同的发展。

第四节　信息化助推继续教育改革发展

一、引领继续教育发展政策的调整

如今，信息技术对经济发展和社会生活产生重要的影响，社会群体成员的学习方式、生产生活方式等，已然发生深刻变革。在信息时代，教育正在朝着全民教育、优质教育、个性化学习和终身学习的方向发展。而在国家层面，由于各国间的竞争日趋激烈，世界各国都注重通过开展信息化教育，提高国民素质、增强国家创新能力。

普通高校继续教育在终身教育中占主体地位，起到主力军的作用，必须重视信息技术对继续教育发展的影响。可以说，信息化的发展水平奠定了我国高校继续教育发展的未来。教育部于 2012 年 3 月正式颁布了《教育信息化十年发展规划（2011—2020 年)》，提出“构建继续教育公共服务平台，完善终身教育体系”

的发展任务，指出教育信息化对继续教育的具有支撑作用，同时更加强调其引领性作用，即教育信息化要革新继续教育的主流业务及办学模式，强调利用教育信息化破解制约我国继续教育发展的各项难题，已经成为国家教育主管部门、专家学者、继续教育工作者的共识。例如，中国高等教育学会继续教育分会 2013 年学术交流年会的会议主题就是继续教育的综合改革——“跨界、融合、创新”，可以延伸为办学领域跨界，办学理念跨界，办学职权跨界，办学媒介跨界；高校多种继续教育形式加快融合，继续教育与企业教育、社区教育深度融合，各高校继续教育办学逐步融合，学历继续教育与非学历教育主动融合；机制创新、技术创新、教学创新。该会议设立四个专题：第一，兼顾公益属性和市场属性的继续教育体制机制创新，促进继续教育科学发展；第二，信息化助推函授教育、夜大教育、网络教育的融合，统一培养标准，提高培养质量；第三，技术推动下的高校继续教育协同创新，开放资源，彰显社会责任；第四，跨界、融合，提高高校继续教育为企业、行业的服务能力。其中，第二、第三专题都和信息技术有关，都在突出信息技术对于继续教育综合改革的重要作用。可以说，信息化已经成为继续教育进一步改革发展的助推器。

可以看出，在信息化的引领下，国家继续教育政策发生了较大变化。全国高校继续教育学会咨询专家组组长严继昌教授认为，目前学历继续教育体系的统合，对于普通高校来说势在必行。我国目前学历继续教育形式有夜大、函授、网络教育，教育对象都是面向从业人员，培养方向都是应用型人才，学习方式都是业余学习，仅是在自学与面授的比例上存在些许差异。此外，学习手段也会呈现不同特征。因此，如果继续沿用原有体系，那么即便颁布不同政策，也不具备任何实际意义。在坚持对学历教育采用多样化的学习方式时，业余学习者应该有效借助网络工具进行学习。最后，要在政策上形成统一，从而落实教育公平目标，完善办学秩序，注重培养质量。学历继续教育体系整合与改革方向：统一宽进严出的政策（取消成人高考，由各校自主测试录取，教育部制订统一严出的政策措施）；统一培养目标和标准（在统一培养目标和标准的基础上，专业设置更加贴近社会发展需要）；统一毕业证书形式（学历继续教育证书）；统一网络学习支持（鼓励采用网络支持下的混合式培养模式，保证培养质量），以后或许不再有夜大，函授、网络教育等称谓。

继续教育是高校教育体系中的一个重要构成部门，也是高校培养人才、服务社会、产业合作的关键，更是彰显高校办学社会价值、传播知识、弘扬精神与文化的一项重要任务。高校继续教育拥有较为广泛的服务群体和地域分布空间，其服务的对象也有着鲜明的诉求，即要求自由灵活地安排学习过程和学习时间。此外，相较于全日制教育模式，继续教育模式有着更为高标准的要求。具体来看，高校要想实现继续教育信息化建设，就必须从三方面入手：第一，依托现代信息技术构建信息化教学环境，这是从软硬件方面提出的必要条件；第二，积极开发涵盖各类型的教学资源，包括学习工具软件等；第三，科学改革教育思想、教学观念、教学方式及教学组织结构，从教学模式方面适应高校继续教育信息化环境。

二、促进传统教学与信息技术相结合

科技是第一生产力。进入 21 世纪，以计算机与网络为中心的信息技术脱颖而出，使信息传递的质量与速度得到了大幅提升，信息处理功能也超越了人类自身能力范围，实现了对信息存储、传输、加工、使用的一体化与自动化，创造了崭新的信息时代。现代信息技术的产生不仅使人类大脑功能得到延伸、智力得到扩展，还为人类更好地认识世界、改造世界提供了有力支持。同时，信息技术还广泛地渗透并影响着人类社会的各个领域。作为引导时代新潮流的教育行业，必然受其影响，从而引起了从教育观念到教育过程各环节的巨大变革。[①]

（一）继续教育信息化内涵

所谓继续教育信息化，是指将信息纳入构建普通高校继续教育的基本要素，并针对继续教育领域内的信息开展生成、分析、处理、传递和利用的有价值的活动。具体来看，继续教育信息化有两层含义：一是信息的重要性，并以信息为基本组成要素。在信息化进程中，首先要对高校继续教育做信息化分析，这是高校继续教育信息化发展的基础；二是信息技术的广泛运用。信息技术的广泛应用是以系统信息分析为前提，若不对系统进行深度的信息分析，则无法高效利用系统信息技术。因此，在继续教育信息化建设过程中，应从信息层面分析教育系统的信息，以此为基础来开展信息技术并有效运用于教育的研究。

① 马志刚．巧用信息技术，革新现代教育[J]. 新课程学习（下），2012（3）：135.

（二）继续教育信息化的重要作用

1. 实现继续教育现代化的重要保障

教育信息化在教育现代化中具有举足轻重的地位和作用。教育信息化离不开教育现代化。教育信息化能够推动教育现代化进程。特别是在高校，继续教育往往面临经费短缺、政策支持力度偏弱、教学质量偏低的情况下，教育信息化可以有效促进继续教育办学的改革创新。

2. 传统继续教育学习模式革新的重要手段

随着教育信息化的推进，再加上利用现代信息技术构建的开放式远程教育网络，使得受教育者的学习时间和学习空间更加灵活自由，传统的以学习教育为中心的教育体系、以教师为中心的学习模式都实现了深刻变革，人人都可平等接受教育。由此可见，开放式的继续教育网络是基于建构主义打造的以学生为中心的教学模式，它强调学习者在教学过程中自主探索与合作交流，是实现终身学习的基础保障。教育信息化是一场深刻的社会变革，它为全体国民提供了更为广泛的学习机遇，对于提升全体国民的综合素质具有至关重要的作用。

3. 促进继续教育领域创新人才的培养

教育信息化为培养学生的综合素质和推动教育创新提供了优越的环境、条件和可靠的保障。在教育信息化环境下，学生可以通过信息检索、信息收集、信息处理和信息创造等方式，发现和解决学习中的问题，从而实现对知识的深入探索和发现，这对于培养具有创新能力的人才具有至关重要的意义。

4. 促进现代成人教育理论的发展

在教育领域，教育信息化是一项至关重要的变革，它必然会引发一系列的问题和现象，这些问题和现象需要我们去解决和认识，而这些问题的解决和认识将有力地推动教育理论的不断发展。教育信息化是一个历史过程，它既是社会生产力发展到一定阶段的产物，也是人类对自身认识深化和提高的结果。在教育信息化的进程中，信息科学的理论和方法是必不可少的，因为只有运用这些理论和方法，我们才能深刻地理解和解决其中出现的各种问题和现象。此外，教育信息科学是一门以信息科学理论为基础，深入探究学习过程的教育理论，是一门关于教育的信息科学。这极大地丰富了现代成人教育理论的内涵。

（三）教育信息化对教与学的影响

信息技术被广泛地应用于学校，会给学校带来非常深刻的变化。高校继续教育涉及教师、学生和教学设施这三种主体要素，教育信息化向纵深发展的趋势使得教师作用、学生能力和教育设施性能都发生了深刻变革。

1. 对继续教育领域教师教学的要求

在传统教育模式下，教师主要发挥将某一学科专业知识传达给学生的作用。信息技术的广泛运用，使学生能够通过多种途径、多种方式自主学习。因此，信息技术背景下的教师发挥的作用有以下三点。

第一，知识传递者向学习组织者、协调者转变。针对特定学科内容，学生可采用多种方式进行研究，既可借助教师，又可借助互联网，同时可借助小组讨论和调查访问。教师不再是单纯地传授，而是要引导、规划学生的学习活动，并组织和协调好各项学习活动。

第二，构建学习网络。教师要有效地引导与规划学习活动、组织与协调学习活动，就必须掌握与各类学习课题相对应的学习途径、学习资源。教师要广泛搜集各类分散的学习资源和学习信息，着力加强不同学校和教育部门之间的联系和沟通，逐步形成支持学生学习的网络系统。

第三，培养学生的信息能力。学生采用各种方式自主学习时，需要形成良好的信息素养，教师要重视发展学生的信息能力，对高校继续教育来说，有必要选合理选择信息素养教学内容。

2. 对继续教育学员学习的要求

以传递知识和理解知识进行接受学习的学生处于被动接受状态。而信息技术的普遍应用，要求学生在学习过程中不只是被动接受知识，还要积极主动地去获得知识。为此，学生有必要掌握科学合理的学习方法、思维方法和讨论方法，并要形成良好的自我学习能力。教育信息化环境下，学生可以对理论知识进行探究学习，并对已发现的学习问题进行自主解决，从而培养个人创新能力。在这一过程中，学生获取信息以及加工、创造和表达信息的能力，即信息素养是至关重要的。当前，继续教育学员逐渐具备了良好的信息素养，所以推动继续教育信息化建设对他们来说既受欢迎又容易被接受。

3. 对数字化教学环境的要求

创设数字化教学环境，关键是要推动网络化进程。为满足学习者多样化的学习需求，各类数字化教学平台应该实现网络资源共建共享，为学习者在线学习提供技术和平台保障。网络化是推动学习资源共享和教学设施共用的重要条件，网络化能够保证各种学习资源和教学设施都可充分发挥作用，由此取得较好的使用效益。

三、加强高校继续教育与企业教育融合

为实现高校继续教育与企业教育的深度融合，应加快推进高等教育内涵式发展，同时积极开展继续教育、健全终身教育体系、构建学习型社会。教育部曾明确指出，要积极推动高校与企业开展继续教育联盟和城市联盟建设。显然，推动并实现各种教育形式深度融合、科学技术与经济发展密切结合，成为国家重点支持的教育政策。高校和企业应将教育资源共建共享作为合作创新的重要内容，为成人教育学科领域开展课题研究提供相关支持。以区域经济发展为导向大力开展企业教育，已成为高校继续教育办学的重要方向。因此，高校继续教育信息化的持续发展推动着继续教育和企业教育向纵深方向发展。

（一）高校继续教育与企业教育

1. 高校继续教育

高等学校包括普通高等学校，成人高等学校、民办高等学校等。依据联合国教科文组织在 1974 年组织出版的《职业技术教育术语》一书中对于继续教育的概念界定，高等学校继续教育（简称高校继续教育）是指大学为处在职业生涯中的社会成员所提供的以更新，重组或扩展知识和技能结构为目的的教育和培训活动。高校继续教育通常包含函授、夜大、职业培训、社会文化教育等形式，具有内容的适应性、过程的终身性、对象的广泛性、形式的灵活性、规格的多样性等显著特征，高校继续教育是我国终身教育体系的重要部分。

2. 企业教育

部分西方学者认为，企业教育，即企业基于员工个人成长目标，结合企业目标，针对员工的思想和工作能力开展的持续的变革活动。企业教育至少负有两方

面的使命任务：一是推动企业劳动者更好地成长，二是促使企业更好地生存。

（二）高校继续教育与企业教育融合现状及问题

1. 高校继续教育与企业教育融合研究现状

当前，国内对高校继续教育和企业教育融合的研究大多集中在校企合作办学方面。例如，杨如顺等学者建议根据校企合作办学的程度，将其划分为浅层次、中层次和深层次。我国高校继续教育和企业教育的融合尚处于浅层次（即初级）阶段，仍有巨大的发展空间，并且任务艰巨。董奇、郭苏华针对全国高等教育校企合作状况开展专题调研，调研结果也不尽如人意。我国校企合作还没有形成一个可以全面推进的办学模式，科学理论偏少，缺乏模式创新。与许多国家相比较，中国职业教育的薄弱之处在于校企合作，这成为未来一段时间内教育改革与发展的着力点，是教育改革中必须花大力气探索、破解的难题。徐世浩、陈龙根等学者提出，应该针对成人高等教育人才培养和企业人力资本提升之间的耦合机制进行对比研究，构建二者间的耦合机制模型，为推动二者间耦合发展提出相关建议。杨彬、张艳超则提出成人教育“产学研”一体化模式，也就是面向信息化的“1+(1+X+Y)”合作办学模式，这使得成人教育的内涵更为丰富，即强调“产学研”的协同创新。站在科学发展观层面思考，高校继续教育与企业教育之间必然会经历一个从前期耦合到最后融合的过程，由于二者在教育对象上存在着局部重合的现象，这实质上是终身教育体系在我国教育中的一种不同表现，其核心是为促进人的全面发展并伴随着学习型社会的建立，最终实现合作融洽、协调发展。

2. 高校继续教育与企业教育融合存在的问题

一方面，政策支持乏力，理解有失偏差。虽然国家针对高校继续教育和企业教育的融合有不少宏观政策支持，但是在地方政府层面则缺少中观或者微观政策支持。尽管有一种共识，即二者的融合是校企合作发展到一定阶段的必然结果，也是生产、科技、经济、教育、社会等各方面和谐发展的产物，为更好地促进、规范校企教育融合发展，政府部门需给予长期有效的政策保障，但从方法论上看，很少有推动二者融合发展的实质性政策出台，反而常被视为社会公益性项目，或高校服务于企业，或企业服务于高校。从本质上看，二者有着共同的利益诉求，成为资源共享的协作共同体。

因此，在很长一段时间内，我国高校继续教育和企业教育的融合都是在民间自发进行的，由官方组织实施的个案较少。许多合作项目虽取得了良好的效果，但却很难得到有效的政策支持和政府主管部门的援助，发展和壮大也困难重重。与此同时，相关法律法规欠缺，对二者融合过程中所承担的义务与职责未作明确规定，且无强制性要求，致使融合办学毫无章法可循，存在一定风险。一些教育主管部门在观念上有一种误解，倾向于强调大力发展普通高等教育——职前教育，而忽略了职后教育——继续教育，致使高校继续教育和企业教育地融合在高校和企业中都没有引起足够的重视，背离了国家大力倡导的终身教育理念。因此，要统一职前教育与职后教育，以终身教育理论框架为基础，继续促进校企教育融合发展，逐步实现人才培养的一体化。

另一方面，高校继续教育改革的滞后性和优质资源的匮乏。当前，校企教育融合模式往往采取“以学校为主体、以企业为依托”的校企合作模式，这种传统模式具有单向性协作的特征，无法充分体现融合的交互特性。从外在表征来看，高校继续教育往往难以迎合企业教育市场的需要，多数高校为适应自身办学和发展的需要而主动作为，大力推行“送教进企”等策略，而企业则时常处于被动的接受地位。

具体来看，高校通过不断降低教学要求和教学质量，以此来达到建立和维持校企教育的目的。实际上，由于企业的参与积极性极低，校企教育融合缺乏内在的动力机制。校企教育融合强调双向融合，而高校继续教育能否满足企业的需求，则是校企教育融合能否建立的根本前提。这也就表明，校企教育融合代表着特定的利益关系，即高校与企业之间是需要和被需要的利益关系。因此，当前我国校企之间的利益需求并非是相互的，即呈现不对等的特征。高校继续教育培养的人才最终要服务于市场，满足企业用人需求。但现实情况是，我国企业对于高校资源（如人力资源、技术资源、信息资源等）的依赖程度整体偏低，由此导致校企教育融合长期处于低层次阶段。我国社会经常出现的“技工荒”“人才荒”等现象，尤其是新型技术技能人才总量短缺的现状，成为严重制约我国中小企业转型升级的主要原因。为此，高校继续教育必须重点考虑如何建设优质教学资源库，以增强企业对继续教育教学资源的依赖程度，推动教学改革步伐。

此外，企业在转型升级过程中遭遇困境，教育功利化趋势明显。现阶段，企业迫切需要转型升级，即从粗放型增长方式向集约型增长方式转变，但受外部总体经济环境低迷的影响，中小企业在员工继续教育领域的资金投入意愿大幅下降，员工教育重要性弱化，不愿意制定长期性的人才培养规划，甚至部分中小企业将人力资源管理集中在人才招聘方面，较为轻视对员工的继续教育培训，只注重眼前利益而忽视企业长远的发展战略。部分高校为迎合企业用人需求，在开展继续教育过程中将教育活动流于形式，甚至出现针对成绩考核弄虚作假的现象，这既会直接影响高校继续教育培养的成效，又会导致一些企业与高校之间的短期合作办学行为出现问题，加剧企业教育功利化趋势，继而制约企业转型升级步伐，使高校继续教育培养质量下降、人力资源建设形势颇为严峻。

（三）高校继续教育与企业教育资源依赖特性分析

1. 高校与企业基于资源依赖理论的函数表示

菲佛和萨兰基克（1978）的专著《组织的外部控制：对组织资源依赖的分析》全面地阐述了资源依赖理论，提出该理论的核心三个原则：第一，组织是由内外部共同构成的一个综合体；第二，环境中包含对组织生存有价值但稀缺的资源；第三，组织的工作和环境之间存在两个目标：获取对资源的控制减少对他人的依赖和提高他人对自己的依赖。胡杨成和蔡宁根据资源依赖理论，设计了组织对资源依赖程度的函数表达式。根据这一函数，组织 A 对组织 B 的资源依赖程度可以表示成：GA=FB（X1，X2，X3），其中 X1，X2，X3 的取值范围在 0～1 之间。该公式说明组织 A 对组织 B 的依赖程度取决于以下三个方面。X1：组织 B 拥有的资源对组织 A 的生存是必不可少的；X2：组织 B 具有充分的控制能力来权衡是否向组织 A 提供这些资源；X3：组织 A 很难从除了组织 B 以外的其他地方获得自身发展所需要的资源。如果 X1，X2，X3 的值均偏大，则说明组织 A 对组织 B 的资源依赖度高；如果三者中有 1 个或 2 个值偏小，则说明组织 A 对组织 B 的资源依赖度偏低；如果三者的值均偏小，则说明组织 A 对组织 B 的资源依赖度低。

实现校企教育融合，需要高校与企业共享教育资源，包括人力、技术和信息等资源。运用资源依赖理论，探究提升企业对高校资源依赖度的方法，激发企业积极寻求与高校继续教育合作的热情，同时引导高校深入挖掘和开发企业所需的资源，增强对资源的掌控能力，这对于促进校企教育融合具有至关重要的意义。

2. 高校继续教育对企业的资源依赖分析

根据公式G高校=F企业（X1，X2，X3）可知，高校继续教育对企业资源的依赖程度日益加深，这一趋势不可忽视。目前，企业员工成为高校开展继续教育的重点对象，高校也将非学历培训纳入办学业务体系中，因此Xl的值较高。此外，内部培训是企业教育的主要形式，而针对内部员工开展的外部培训，则决定是否采用高校继续教育或其他培训形式。受限于经济运行环境的影响，企业在教育培训方面的经费投入正在逐步减少，这就导致X2的值偏高。最后，高校继续教育的业务范围涵盖成人学历教育和非学历培训教育等领域，其中企业员工教育是其重要组成部分。尽管目前X3值偏小，但考虑到我国高等教育的发展形势，学历补偿教育担负的历史使命已然完成，学历补偿教育市场也在不断萎缩，而非学历培训市场则呈现出蓬勃发展的态势，从而成为高校继续教育一项重要办学业务，因此X3值将不断攀升。

3. 企业教育对高校的资源依赖分析

关于企业教育对高校的资源依赖程度可以表示成G企业=F高校（X1，X2，X3）。从该公式中可以看出，高校资源并非企业教育重点依赖的资源。由于传统的劳动密集型中小企业正在积极转型发展，企业教育自身难以掌握所需的人力资源、技术资源和信息资源，因此高校继续教育已成为助推企业转型升级的重要力量，而成人教育则是高校服务地方经济发展的主要形式，对企业而言具有至关重要的意义，这也是导致X1值偏大的主要原因。由于高校继续教育办学正在面临着转型的趋势，即从传统的学历教育向非学历培训发展，学历补偿教育任务已基本完成，企业也不再重点关注学历教育资源，因此X2的值偏低。而X3的值偏低，则主要是源于高校继续教育的教学质量和实用性，这两方面需要高校重点去优化调整，相较于众多培训机构所提供的培训资源，高校继续教育在提供培训资源方面并不具备明显的优势，甚至在以市场经济为主导的办学模式下，仍处于劣势地位。

（四）高校继续教育与企业教育融合推进建议

在对高校继续教育和企业教育资源的依赖特性进行深入分析后发现，高校继续教育对企业的资源依赖程度相当高，并呈现逐步加强的趋势。而由于企业教育对高校继续教育的资源依赖程度较低，因而目前校企教育融合进展缓慢，合作效果也不尽如人意。因此，为了促进高校继续教育和企业教育的深度融合，需要建立一个高效的推进机制，政府、高校和企业则是其中的核心要素（图 4-4-1），这三个要素彼此间协同创新，以促进高校继续教育和企业教育的深度融合。基于此，本书从政府、高校和企业三个维度提出促进校企教育融合的策略。

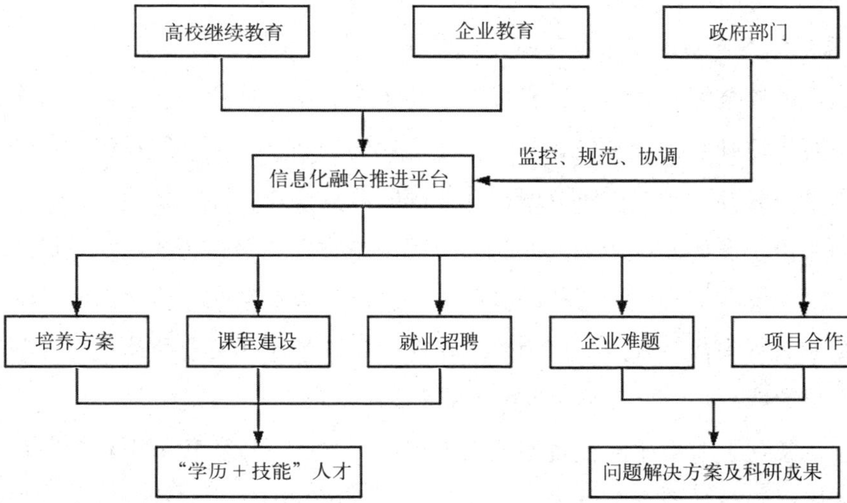

图 4-4-1　高校继续教育与企业教育融合平台

1. 政府视角下推进校企教育融合的建议

首先，在制定我国人力资源发展战略时，需要全面考虑各个方面的因素。我国正处于从经济大国向经济强国转型的关键时期，而人才则是制约转型发展的关键要素。将高校继续教育与企业教育有机融合，是推动实用型、创新型技术技能人才培养的重要举措。因此，政府应将高校继续教育与企业教育有机融合，并将其作为我国人力资源建设的核心议程，实现校企教育融合从民间自发性活动向政府主导下的有组织活动升级。

其次，加强政府机构的主导地位，以提升其在社会治理中的影响力。作为主导高校继续教育与企业教育融合的部门，政府应当积极推进平台构建工作，并提供宏观政策支持，以促进融合机制的发展。高校继续教育具备一定的教育规律性，但这和企业关注的培训重点有所差异，即高校继续教育在短期内能否推动企业实现高利润增长。为了实现我国长远的人才发展战略，政府应该出台优惠政策，积极鼓励企业针对员工开展继续教育，制定长远的人才培养规划，并积极在继续教育领域强化校企合作力度。

最后，促进校企教育深度融合，从而实现真正的利益共享。为了促进高校继续教育和企业教育的深度融合，政府需要制定明确的操作细则，包括但不限于办学法人属性、办学体制、队伍建设、合理回报和财政扶持等，以提高校企合作办学的积极性，从而使校企教育融合取得实质性进展。

2. 高校视角下推进校企教育融合的措施

首先，高校继续教育学院应积极打破传统的校企合作模式。当前，多个高校正在积极有序地开展校企合作，并尤其注重协同创新。但是，这种校企合作实际上是某位学科教师、学院或研究所与企业间的单独合作，而非院所、院院之间的协作，因而很难发挥高校为地方经济发展服务的综合实力。为此，高校继续教育学院应积极凝聚各方力量，与科研机构、二级学院展开密切合作，以高校继续教育融入企业教育来推动企业生产力发展，合作办学中应能够充分体现企业教育的产业性、增效性、职业性及企业主体性特点。

其次，强化企业对于高校资源的依赖程度。当前，制约我国中小型企业转型升级的关键因素就是资金和技术，其次是人力资源。因此，高校继续教育学院有必要明确企业需求并“对症下药”，以此有效推动校企教育融合。一方面，依托高校教育资源，帮助企业解决在发展过程中遇到的员工培训难题，如如何制定人才培养方案与实施计划，如何对员工进行学历提升与非学历培训，以及怎样提高企业员工管理水平、销售水平和技能水平等，继而推动企业效益的增长；另一方面，依托高校科学技术资源，推动中小企业向高新技术企业过渡，帮助学校二级学院、科研院所与企业主动对接，促进科研项目市场化运作、科研成果转化及投产后员工教育培训等。

最后，加快高校继续教育教学改革的步伐。教学质量是确保校企教育深度融合的一个主要因素。面对教育市场化的大背景，高校必须以改革创新来提高成人教育教学质量；结合企业用人需求适时调整人才培养模式；打造适应企业教育要求的专、兼职结合的“三师型”教师队伍；确保教学方法紧跟时代步伐；搭建网络学习平台完善辅助学习模式；建立专业动态发展机制，以适应中小企业对培养技术技能人才的要求。

3. 企业视角下推进校企教育融合的对策

首先，增强企业实施校企教育融合的意识。作为校企教育融合的主体之一，企业决定着二者融合的程度。当前，许多中小企业都面临着严重的发展压力，这些中小企业对于人力资源、技术资源和信息资源等都有着强烈的依赖性，因而实现校企教育融合是促进中小企业转型升级的主要动力。通过人力资源培训融合、技术成果转化的融合以及信息平台共建共享融合等具体举措，能够提高企业员工的综合素质和技术技能，加快企业转型升级的步伐。

其次，企业应该明确自身对校企教育融合发展的具体导向。对于企业而言，其应向政府部门反馈自身的实际发展需求和问题瓶颈，或者与高校直接进行互动，以校企合作的方式寻求解决企业问题的方案。为有效促进校企教育融合发展，企业可采取符合企业教育培训规律的项目监管制度，以及对项目进行绩效评价的制度，以确保校企教育融合符合企业实际需要。当前，许多中小企业都对技术创新资源有着迫切要求，这也能“倒逼”高校继续教育学院与其他学院、部门合作，对高校资源进行整合，借助科研团队、实验设备等协助企业开展技术攻关工作，做到科研项目从企业中来、研究成果到企业中去。

最后，寻求借力发展。企业要遵循政府导向，积极与高校继续教育开展合作。特别是中小企业，更要有效把握国家针对校企合作颁布的政策，抓住校企教育融合的重要机遇期，做到共建共享资源，把企业发展赖以生存的信息资源、人力资源和技术资源以及需求，置于校企教育融合平台中。通过校企合作共同解决企业发展中面临的信息化水平不高、技术技能人才短缺和产品研发能力不强的问题。高校资源是支持企业经济发展的重要“基因”，而企业能够实现良性发展将推动高校继续教育办大办强，使高校继续教育与企业教育深度融合。

四、加速继续教育“产学研”合作平台建设

最近几年，我国关于成人教育、继续教育和教育信息化等方面的政策文件层出不穷，尤其是鼓励企业大力推进企业员工教育培训工作，构建学习型企业模式。此外，还鼓励行业企业以普通高校、职业学校为基础，共同建设专业化、综合化员工继续教育基地、产学研基地。产学研合作教育，即“产学研”模式，是现代社会的新型教育模式，它充分利用学校与企业、科研单位等各种不同的教学环境

与教学资源，以及在人才培养中各自的优势，以书本知识与实践能力为主要内容，形成生产、实际经验与科研实践相结合的教育形式。当前，“产学研”模式被广泛运用于普通高等教育领域中，它是一种创新教学模式的主要方式。但在成人高等教育、继续教育办学中却很少运用，学者对高校继续教育中“产学研”模式的运用研究也较为不足。但是随着信息技术的快速发展，构建校企联盟继续教育平台，探索面向信息化的“1+（X+Y+Z）”合作办学模式，扩展“产学研”模式内涵，已经成为可能。该模式是对传统“产学研”模式的二次重构，拓展了新时期“产学研”模式内涵：括号外面的 1 表示一个继续教育信息化平台，括号里面的 X+Y+Z 表示 X 所高校、Y 所研究机构（含地方政府、行业协会，教育研究机构）、Z 家企业。继续教育“产学研”相互耦合机制，如图 4-4-2 所示。

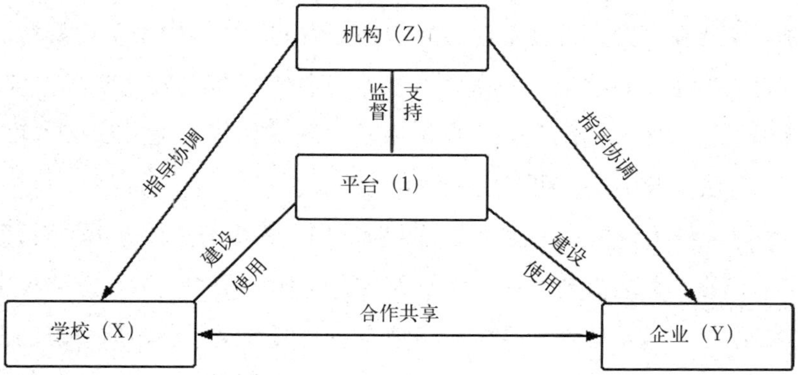

图 4-4-2　校、企、研究机构合作模式示意图

（一）“1 个平台”

所谓“1 个平台”，是指继续教育信息化平台。该平台可由高校搭建或地方政府主导建设。我国曾明确提出要“加强继续教育公共信息管理和服务平台建设”。为此，高校及地方政府应建立健全继续教育“学分银行”制度，探索构建相关信息系统和支撑平台的运行模式、以终身学习为支撑的继续教育评价体系和质量监管体系，面向广大学习者开展个性化学习服务。当前，我国高校针对继续教育已进行信息化平台建设，继续教育管理与服务平台可归纳为：以网络教育资源共享为中心，形成“一大门户（即继续教育门户网站）、两大管理平台（即学历教育和非学历教育管理平台）、三大支撑平台（即学历教育支撑平台、非学历教育支撑平台和社会化网络学习平台）”，在继续教育管理与服务平台的支持下，“产学研”合作办学模式在继续教育中的应用得到了初步的尝试和实践。

（二）“X 所学校”

所谓“X 学校”，是指 X 所高校。高校具体承担人才培养、科研服务和服务地方的职能，高校继续教育“产学研”实践则是促进地方社会进步和经济发展的办学模式。高校拥有高度密集的知识和智力资源，并且在师资、科研、装备、网络资源等方面都具有无法比拟的优势。因此，高校应成为继续教育“产学研”办学模式的主动者，以“研”为导向与统筹，以“产”为市场需求，以信息反馈为来源，对办学形式、培养模式、课程设置和师资队伍等方面进行转变，满足新时代继续教育培养人才的要求，全方位推进学员综合素质的提高，强调“学历加技能”的导向教育，继而得到稳定且规模巨大的在职学习群体，从而为学校未来的发展打下良好的基础。与此同时，以继续教育信息化平台为中心，各高校既要对在继续教育教学中出现的问题向政府、行业协会和继续教育研究机构等进行及时反馈，做到积极借鉴并运用研究机构提供的政策文件及研究成果，又要积极整合企业所拥有的优秀的非学历培训资源，做到继续教育资源协同共享。

（三）“Y 所研究机构”

所谓“Y 所研究机构”，是指由地方政府、行业协会和继续教育研究机构组成，其对继续教育的“产学研”办学模式起着引领作用。研究机构主要对在职成人教育、终身教育、学习型行业和学习型组织建设进行政策制订、理论思考和实践探索等的研究。政府应该加强对继续教育的宏观管理，重点研究并制订与继续教育、企业教育相关的法律法规及政策；行业协会要在协调组织中发挥应有的作用，注重把握如何协调好政府、企业与学校三者间的利益关系；继续教育研究与评估机构主要负责向政府推进继续教育改革理论研究，并对调查报告数据进行统计分析和制定评估方案。研究机构在继续教育信息化平台的支持下，能够实时了解继续教育发展的具体状况，并及时公布最新政策信息和研究成果。对“学”“产”协同办学过程中遇到的新问题、新情况，更快介入并提供解决方案，真正做到选题源于继续教育、研究成果用于继续教育。

（四）“Z家企业”

“Z家企业”，即中小型企业的统称。企业是“产学研”整体办学模式中的主体，它不仅充当学习者的角色，也就是将企业员工作为继续教育最重要的对象，而且充当教学者的角色，也就是一些公司利用高质量的技能培训课程进行非学历技能培训。对企业而言，应以“研”为导向和统筹，同时借助“学”这一教学资源，不断改善自身人力资本现状，加快自身转型升级的步伐。与此同时，企业还应通过继续教育信息化平台，将企业优秀技能培训资源添加到继续教育教学资源库中，实现非学历培训网络资源共建共享，从而迅速提升成人职业技能，继而推动企业生产力迅速提升。总之，企业在继续教育信息化平台的支持下，既能将自身人力资本提升情况及时向研究机构和学校反馈，又能借助信息化平台为企业发展招募需要的专业性人才。一些优秀企业可以向小微型企业分享精品培训课程，借此推广自己的文化理念，这有助于推动企业集群化和行业标准化的发展。

当前，我国更加提倡终身教育理念和构建学习型社会模式，而继续教育就能从中充分发挥独特优势。为此，高校应抢抓机遇，及时转变传统的继续教育教学模式，努力推行“产学研”办学模式，建设在职继续教育一体化教学路径，更好地服务于企业教育和社会经济发展。

第五章　高校继续教育的质量管理建设

教学质量是高校学历继续教育发展的根本任务。为了对全日制高校培养人才进行及时补充，高校学历继续教育质量与教学管理体系和保障制度息息相关。本章介绍了高校继续教育的质量管理建设，包括以下四个方面：高校继续教育全面质量管理的重要性分析、高校继续教育全面质量管理的要点与因素、高校继续教育教学质量管理体系的优化和高校继续教育教学质量管理的对策研究。

第一节　高校继续教育全面质量管理的重要性分析

物理学中最早出现“质量”，在管理学领域中得到应用，现在在各个领域中都能见到“质量”，对它也有很多的说法。国际标准化组织（ISO）的 ISO8402 质量术语标准中把“质量”定义为“实体满足明确或隐含需要的能力的特性之综合”。[①] 我国国家标准 GB/T19000：2016（等同于国际标准 ISO9001：2015）对质量定义是：客体的一组固有特性满足要求的程度。

上面所说的“质量”，都是基于企业的“产品”来界定的，但教育界出现的“质量”，就不是这么简单了。教育质量是一个非常烦琐的问题，同样高等教育也是这样，教育界对高等教育质量的探究一直就都没有放弃过，什么说法都出现过，但是终究没有一个统一的结论。一些教育“质量”表示“独一无二”“优秀”，以一流名校的标准来看，明显很难达到，并且受到社会抵制。个别说法表示要先制定一种规章或标准，这样才可以有质量。但是这种观点太生硬，类似对生产中对产品质量的把控，不符合解释教育中的质量。应该是学生在接受教育前后的质量改变才是教育质量，它是一个变化量。高等教育质量的概念如此烦琐是因为高等教育质量伴随着主体的变化，有着不同的质量概念，并且起着一定的主导作用，

① 龚益鸣．质量管理学[M]．上海：复旦大学出版社，2000．

“质量的高低取决于特定的主体需要，随主体的不同而改变”。① 不只是一种主题参与到高等教育中，因此对于高等教育质量有着多层次的解释。高等教育的主体包括：国家政府、经济组织、高等教育系统或学术组织，参与者（学生）。这四个主体对高等教育质量有着不同标准：国家政府设定质量标准是为了便于管理，根据相互对比决定高等教育质量是否可以达到设定的标准，这种一元质量观适用在政府对高等教育的绝对控制下；从市场角度来看，经济组织观察高等教育能否满足消费者的需求，这里的消费者特指政府、社会、经济组织和学生。这被称为外适质量观；内适质量观是学术组织对高等教育质量的判定，是在教育整个过程中对教育规律的显现进度。蒋冀骋提出“高等教育的质量就是人的质量、事的质量、制度的质量、文化的质量，其核心和基本方面主要体现在人才培养、教学、管理和文化等方面”，② 是一个非常大的概念，很难去细化它；参与者要考虑对个体发展需求的满足程度，以及高等教育质量的人文特质。这几个方面共同实行在高等教育中，所以，高等教育质量在判定时，需要从这几个方面开始，现实中，在对高等教育质量下定义时，通常从这几个方面的着手。在明确了质量定义的基础上，如何对质量进行评估成为一个关键问题。现在得到广泛认可的，是美国的列维和史密斯，他们认为应该采用“开放式的整体质量改进方案”，该方案将投入、转化过程和产出都考虑在内，更加综合。

高校继续教育工作的质量是高校继续教育工作重要的一部分。确定继续教育概念，要以发展为基础，要对继续教育的工作产生积极的作用，加速国家经济、社会等的发展，了解人民群众对教育的需求，注重多层次的质量观，而不是简单的质量观。

全面质量观是一种从多个角度对继续教育质量进行综合、多方位评价的观念。

第一，目标。培养目标应具有一定的合理性，并应与其所受的教育水平相适应；第二，教育的进程。其中，主要涉及教学体系、教学质量、师资构成等方面。第三，教育体制。完善的教育体制、继续教育制度等都是符合教育发展规律并且行之有效的。

① 蔡宗模，陈韫春．高等教育质量：概念内涵与质量标准[J]. 清华大学教育研究，2012（3）：14-20.

② 蒋冀骋．论高等教育质量的内涵[J]. 湖南师范大学教育科学学报，2004（6）：67-70.

质量保证最初指的是制造、生产商满足用户的需求、向用户提供的产品和服务，来达到最初设定的目标，它要求从始至终，只需要做同一件事来制止问题的出现。并将其延伸到属于教育领域，“质量保证”就是特定的一些高校，遵循制订的政策和标准等，对教育质量展开一系列的监测和评价，具体包括了课程、教师、教学等方面，其目标是要维持并持续提升教育质量。质量保障体系指的是影响质量的因素之间有着相互密切的联系和影响，因而形成一个完整的体系，它包括内、外部质量保障体系。继续教育质量保障体系指的是在继续教育理念的引导下，经过交互作用，构成一个有机结合的、稳定有效的、可以保证并提高质量的整体。在此基础上，提出了一种改进继续教育质量的方法。将从三个方面对继续教育进行了研究。

一、继续教育大众化的需求

在国民经济高速发展的背景下，我国高等教育已步入了“大众化”阶段。继续教育是高等教育中的一项重要内容，也是高等教育发展的必然趋势。在继续教育大众化阶段，它不仅是在数量上增加，更是在质量上发生改变，具体表现为：快速转变的继续教育质量观念，强大的教育功能，多样化的培养目标、培养模式和招生条件，丰富的教学计划和教学模式，以及高校与社会之间关系的微妙变化，教育的管理方法的改进，等等。

继续教育事业不断发展、深入开展的同时，其质量问题也越来越受到人们的关注。继续教育的广泛开展，使其对社会产生了比精英教育更大的影响。目前，我国在继续教育领域已经取得了长足的进步，但在我国仍然存在着许多问题。随着继续教育的普及，人们越来越重视继续教育，也越来越重视继续教育的质量。继续教育培育了很多优质人才，为国家的科技、经济和社会的发展奠定了扎实的基础，并且质量的高低影响着国家的快速发展和综合竞争力。因此，在这种情况下，为了保证继续教育人才培养的质量，高校、企业、政府和社会越来越重视教育质量管理。[①]2022 年 4 月，教育部出台《关于严格规范高等学历继续教育校外教学点设置与管理工作的通知》，要求高校审慎研究、合理规划本校校外教学点的布局，严格控制校外教学点数量，高校高度重视校外教学点的设置与管理，压

① 陈攀峰．新时代高校继续教育创新研究[M]．长春：吉林人民出版社，2019.

实办学主体责任，指导校外教学点落实教育教学有关环节，加强教学过程监管和纪律约束，严格招生宣传、学籍、收费和经费使用等管理。[①] 高校继续教育教学质量保障体系的建成，是教学过程管理系统优化和提高高校继续教育教学质量的重要原因。

二、市场经济发展的需要

随着社会经济条件的变化，继续教育质量管理模式也在发生变化。在社会主义市场经济条件下，继续教育体系面临着巨大的变革。高校已经开始面向社会、市场，并在不断增强其影响力，政府、社会和高校已成为继续教育质量保障的三大主力军。继续教育除了需要培养出人才，重要的是培养出符合市场经济建设发展的人才，在关注科技成果的同时，还应该具有把科技成果转化为实际生产力的能力，并提供诸如社会询问这种服务。为了构建出一套社会和市场相互协调发展，政府能够宏观调控，高校可以自主管理的质量保证体系，需要对继续教育质量管理进行持续的探究，这将有助于在普及的进程中，使继续教育符合市场经济发展的要求。

三、继续教育自身可持续发展的需要

继续教育事业的不断发展，使世界上许多国家都开始关注并研究如何确保继续教育的质量，并在此基础上建立健全教育质量保障体系。借鉴一些国家的先进理论、经验和方法，可以帮助我们构建一个更加完善的继续教育质量管理体系，使我们的继续教育能够更好地向普及的方向发展。尤其是在当前我国继续教育面临着大众化、市场经济转型、国际化等诸多挑战与机遇的大环境下，对其进行质量管理的研究，对于其健康可持续发展有着积极的作用。

质量同时也是继续教育发展的根本任务，既要依靠本身体系的运作，还要依赖于国际、国内环境的改变，这才能使继续教育质量进一步得到强化。在此基础上，提出了我国高校继续教育发展的新思路，并对高校继续教育发展提出了新的

① 中华人民共和国教育部．教育部办公厅发布《关于严格规范高等学历继续教育校外教学点设置与管理工作的通知》[EB/OL]（2022-04-11）[2023-03-16].http：//www.moe.gov.cn/srcsite/A07/moe_743/202204/t20220414_617759.html.

要求。唯有如此，才能使继续教育步入健康可持续发展之路。

在继续教育相关的制度建设和变化中表现出我国学历继续教育教学质量管控和保障政策。20 世纪八九十年代，国家教委陆续出台了《普通高等学校函授教育暂行工作条例》《普通高等学校函授教育辅导站暂行规程》等文件，鼓励高校发挥自身资源优势扩大规模，大力促进函授教育的发展，[①]同时，在继续教育的各个环节中，都建立了一套较完整的质量监督保障系统，为继续教育事业的迅速发展奠定了扎实的基础。21 世纪初，教育部开始在全国范围内进行现代远程教育的试点，并出台了《现代远程教育校外学习中心（点）暂行管理办法》等相关文件，在互联网的基础上，高等教育继续教育发展迅猛，规模得到了快速扩张，也促进了教育行政部门对其监督体系的成立。

教学模式在不断地变化，从招生制度到教学点管控，慢慢建成一个从人才培育计划到具体教学计划的管控系统。因为社会对高等教育的需求量越来越大，高等教育继续教育的杂乱发展和质量问题也越来越突出。在 21 世纪，除了网络教育的试点，为了保证教育的质量，政府还在不断加大对高校招生和办学秩序的监督力度，如《关于加强成人高等教育招生和办学秩序管理的通知》等，进一步加大了对校外合作办学的审核力度。禁止学校与私人、条件不符的机构和非法人单位合作办学，并依据属地管理的要求，严格管理各地区内成人高等教育的合作办学。

在 2017 年，教育部颁布了《高等学历继续教育专业设置管理办法》，之后在对高等学历继续教育广告管理开展专项整治工作的同时，中央和地方关于校外教学点管理的文件也相继发布。2019 年，教育部办公厅发布《关于服务全民终身学习促进现代远程教育试点高校网络教育高质量发展有关工作的通知》，要求相关部门完善教学全程管理，科学制订与落实人才培养方案与教学计划，规范组织教学、课程面授讲解、学习支持服务、实践教学及课程考试（核）等教学管理环节，切实保障实现人才培养目标。[②]2021 年，江苏省教育厅印发《江苏省高等学历继

① 杨向卫．改革开放以来我国继续教育政策法规的发展历程与价值逻辑[J]．职业技术教育，2014，35（22）：63-67.

② 中华人民共和国教育部．教育部办公厅发布《关于服务全民终身学习 促进现代远程教育试点高校网络教育高质量发展有关工作的通知》[EB/OL]．(2019-12-10) [2023-03-15].http：//www.moe.gov.cn/srcsite/A07/moe_743/201912/t20191216_412262.html，2022.

续教育函授站（校外教学点）管理办法》，从落实人才培养主体责任、规范站点专业设置、科学制订人才培养方案、优化师资力量配置、规范教学管理、建立健全内部质量保障机制等方面对继续教育的教学管理提出了具体的要求。[①]同年12月，江苏省教育厅还发布了《关于开展高等学历继续教育自查和函授站（校外教学点）备案工作的通知》，对高校学历教育自查范围、自查内容、自查结果、备案等相关内容作出详细规范。[②]

因为在构建服务全民终身学习的高质量教育体系中高校成人高等教育的影响越来越大，对高等学历继续教育的作用越明显，所以改善相关规章制度、拟定评价和管理体系、规范管理与发展等已成为大势所趋。高校要进一步增强质量观念，在制定人才培养方案、实施教学计划等重要环节上，加强质量控制，实现规模、质量和效益的和谐发展。

在学历继续教育方面，学习者的学习情况和教学管理的特征明确了质量管控一定要符合教育的规律，同时还要符合自身的特质。详细探索教学质量出现的根本问题，首先是根据个人意识和学习者的需要形成的最终认知，其次是要求管理人员能够熟练地掌握教学目标、要求等。高延龙、马勇认为，我国成人继续教育改革的步伐还有待加快，当前，其面临成人继续教育的目的不明确、教育资源配置不合理等问题。[③]张磊、王松明、梁恩胜指出，成人教育校外教学点管理存在的问题主要体现在脱离教育本质、理念滞后、违规招生与收费乱、教学质量难以保证、保障体系不健全等方面[④]。温泉、李怡然、周卉等在《对我国成人高等教育本位的新思考》中指出，成人高等教育在办学指导思想、培养规格与目标、教学

① 江苏省教育厅．省教育厅关于印发《江苏省高等学历继续教育函授站（校外教学点）管理办法》的通知[EB/OL].（2021-09-18）[2023-03-16].http：//jyt.jiangsu.gov.cn/art/2021/9/18/art_55512_10021188.html.

② 江苏省教育厅．省教育厅办公室《关于开展高等学历继续教育自查和函授站（校外教学点）备案工作的通知》[EB/OL].（2021-12-27）[2023-03-16].http：//jyt.jiangsu.gov.cn/art/2021/12/27/art_58320_10276025.html.

③ 高延龙，马勇．我国成人继续教育存在的问题及对策[J].继续教育研究，2002（1）：3-5+18.

④ 张磊，王松明，梁恩胜．新形势下成人高等教育校外教学点的现状及对策[J].亚太教育，2016（28）：70，68.

内容及服务社会功能等方面滞后于社会发展，教与学质量亟待提升。[①] 王晓瑜在《当前我国继续教育发展问题研究》中指出，当前继续教育存在的问题在于对继续教育意义认识不够，城市的继续教育发展比农村好，等等。[②]

通过制订继续教育制度、树立正派的观点等方法来回答以上问题。研究指出，继续教育学习者缺少学习积极性，而主办高校只有简单的教学管理体系，过时陈旧的教学建设，保守的教学内容与方法，都与学习者的需求不符，并且研究探索与投入成本都没有达到设定的要求，所以不能刺激出学习者的学习主动性，进一步影响学历继续教育质量。因此，不同学者侧重从管理层次和主体性、管理功能、管理时间和内容等角度建立全面质量管理体系的探索，[③] 尽管在继续教育教学质量的实际管理中收获了一些成就，但是还要加强有关的研究。

在 2022 年，教育部发布了一则公告，关于严格规范高等学历继续教育校外教学点设置与管理工作，通过表明校外教学点的工作职责、教育教学的各个环节、改善校外教学点分级管理体制等重要举措，多层次落实“规范管理、提高办学质量水平”的目标。这则公告为高等学校健全质量保证制度提供了重要的理论依据和现实依据。

尽管高校继续教育教学质量管控和保障要求缺乏系统性，但各校的办学实践中始终存在关键环节的质量管理措施。例如，校外教学点建设的基础和条件、教学点备案和年检制度等方面，都需要进行管控。为提升社会影响力和实现学校的办学目的，高校自身的教育教学管理制度要符合教育主管部门管理的要求。李征在教育部对部分高校学习站点的调研情况中表明，高校在校外教学点的办学行为中有效落实作为办学主体的地位和责任，不仅有完善的教学点设置与规范管理的规章制度、工作流程，而且能依法规范学习站点的办学资质、招生宣传、学生与教学管理、课程考核及毕业学位等各个环节加强管理和监控，并根据综合评价结果对教学点作出动态调整。[④] 研究报告指出，在大部分省份中，都开展了校外教

① 温泉，李怡然，周卉．对我国成人高等教育本位的新思考 [J]. 河北工业大学学报（社会科学版），2017，9（4）：71-75.

② 王晓瑜．当前我国继续教育发展问题研究 [D]. 山东：山东师范大学，2009.

③ 乐传永．成人高等函授教育全面质量管理体系探寻 [J]. 成人高教学刊，2006（5）：13-17.

④ 李征．困境与对策：高等学历继续教育学习站点研究——基于对部分高校学习站点的调研 [J]. 继续教育研究，2020（6）：6-9.

学点备案事务或年度查验，但仍缺少考核相关的规章制度，这说明在当前校外教学点管理、质量标准体系和监督检查方面还不太完善，某些相关的行为表现出了明显的行业特质，规章制度的完善还有待深入检验。近几年，各个地区都发布了校外教学点管理规章制度，这些规章制度将进一步加强对主办方的督导。主办方应将有关制度和精神实行到实际教学管理中，严格明确学历继续教育在学校事业发展中的重要作用，来保证教育质量水平的不断提升。

然而，与此同时，高校教学点专业设置的行业特色、撤点保障机制、专任教师配置比例、课程考核标准以及教学管理的信息化建设等方面依然存在较大的改进空间。①在党的十九大报告中所提出的宏观设计，对于进一步完善管控与保障体系，提出了更为严格的要求。在将来，高校继续教育的优质发展需要陆续实施教学质量管理和保证工作，进一步向规范化、标准化等新阶段迈进，为其持续提供帮助。

四、继续教育国际化的需要

在全球经济的推动下，继续教育持续受到了重大的影响。跨国教育投资和跨国教育等服务的连续出现，使高校继续教育在国际合作和竞争中面临着巨大的挑战，而一些高校的继续教育却未能快速适应国际化的要求。在面对高等教育国际化的挑战时，继续教育质量管理研究需要探讨继续教育质量保障和认证体系与国际社会之间的紧密联系，这是一个全新的课题。因此，建设适应国际标准的质量管控体系，是提升我国继续教育质量水平的重要方法。

第二节　高校继续教育全面质量管理的要点与因素

开展继续教育，是现代化建设和高等教育大众化的需要。但是，从目前来看，质量管理是制约继续教育发展的瓶颈，也是影响继续教育质量和毕业生就业竞争力的重要因素。其通常还只是本科教育的压缩版，质量标准不够精准。任何一种

① 李征．困境与对策：高等学历继续教育学习站点研究——基于对部分高校学习站点的调研[J]．继续教育研究，2020（6）：6-9.

质量控制，都必须依靠质量标准。没有一个科学而又具体的质量标准为依据进行控制，质量控制也就无从谈起。从长期实践来看，教育质量控制总是从实际出发，从学科出发。

继续教育质量标准既不能简单地照搬普通教育标准，也不能片面地强调成人的特征，必须做到适应性与发展性相统一。教育是否适应，这就是教育质量问题的实质。在此适应性是指教育要适应不同群体、不同职业的需要，它包括外在适应性与内在适应性。所谓外部适应性，就是教育必须与国家、社会需要相适应；内部适应性就是教育必须符合教育规律以及教育质量必须满足其内在需要。学校可以满足不同学生和家长的需求，也可以满足不同行业的需求。同时，教育也要遵循关于受教育者身心发展规律，向教育工作者提供多种多样的教育内容，模式与层次。

开展继续教育，进行符合在职人员学习要求的继续教育，坚持可持续发展，不仅是要求教育要满足人对职业的选定与劳动等基本生活能力的需求，还要求教育可以提高素质水平，改善以及逐渐适应人的新生活，加速生产力发展与社会文明的进步。同时让教育工作者最大化地实现个人价值。还要依靠实行继续教育来确保社会主义现代化建设所需的高素质劳动者与专门人才，来达到可持续发展。

一、高校继续教育教学质量管控体系建设困境

（一）校外教学点设置的制度及市场需求

《普通高等学校函授教育辅导站暂行规程》等文件在规章制度上对函授站（校外教学点）进行了标准化的设置。但在受经济和教育思想的影响下，在校外教学点的某些工作中，个别高校忽略了市场的需求。同时，校外教学点无法适应新时代学习者的需求变化，人才培养模式、教育教学方法等都比较落后，这是因为缺乏树立品牌的远见和持续发展的驱动力。

（二）校外教学点教学质量难以把控

作为落实高校教学辅助功能的重要因素，高校学历继续教育规模和校外教学点数量都在持续不断地扩张，因为不平衡的教育资源，不清晰的准入标准，无法规避地出现了校外教学点分散的情况，还有良莠不齐的站点质量等现象。例如，

校外教学点往往与主办高校处在不同城市或地域，相距较远，成为限制高校专任教师参与校外教学点课程授课的重要因素。① 比如，混乱的教育教学管理和学生招生工作，不能确保校外教学点的学生招生质量和教学管理队伍质量。从逻辑上讲，继续教育重点依靠的是高校教师的一些教学资源。但普通高校专任教师相对短缺，常态化的师资配备机制未能形成，导致教学质量难以保证，存在内部师资构成偏差问题。②

此外，继续教育教学普遍存在一些问题，比如教学不仔细、教学目标不明晰、教师在继续教育方面比较生疏等，对继续教育的教学质量产生了影响。

（三）继续教育在高校发展规划中权重不足

高校要重点专注对于学生教育的研究，而继续教育的规模会对大学生的教育评价、高校的社会声望产生影响。所以，即便在实现高校社会服务职能中，高等学历继续教育有着重要作用，但是在高校的发展中地位通常不是很高，某些高校把继续教育作为“创收项目”，③ 其人才培养功能和效应在一定程度上退居其次，④ 在大学计划中常常缺少对未来规划的情况，所以继续教育地位不能得到以往的重视，常常因此失去平衡，进一步影响在全民终身学习的高质量教育体系中的发挥。

（四）落实质量管控等管理规范的条件制约

省教育厅、各设区市教育局在高校继续教育教学质量管控中承担属地监管责任，主办高校承担起办学主体的相关责任。但因为高校在继续教育上缺少管理和投入成本，通常将重点放在本科生、研究生等全日制普通高等教育上，还有很多继续教育校外教学点一味地寻求经济发展、扩大招生规模，但是无法承担教学管理上地投入和持续建设成本，因为成人高等教育收入是受到限制的，同时这种做

① 李征．困境与对策：高等学历继续教育学习站点研究——基于对部分高校学习站点的调研[J]. 继续教育研究，2020（6）：6-9.

② 段建，王飞．论成人高等教育教学质量保障体系构建[J]. 中国成人教育，2010（18）：11-12.

③ 陈云霞，张宝平．构建成人高等教育教学质量监控及保障体系[J]. 中国成人教育，2010（1）：117-118.

④ 李慧民，刘福平，刘喜琴，等．新形势下加强高等继续教育校外教学站点管理的探究[J]. 西安建筑科技大学学报（社会科学版），2012，31（6）：86-91.

法还限制了人才培养的质量。在质量管控规范和人才培养存在相互制约的情况下，容易出现继续教育的教学管理职责不明确、监督管理体制不健全等问题，从而造成继续教育教学质量满意度不高的情况，难以取得理想的教学效果。①

二、高校继续教育全面质量管理的要点

在1961年，美国通用电气公司费根堡姆发表的《全面质量管理》一书，首次提出全面质量管理，书中提到“全面质量管理是为了能够在最经济的水平上，考虑到在充分满足用户需求的条件下进行市场研究、设计、生产和服务，把企业各部门的研制质量、维持质量和提高质量的活动构成一体的有效体系。”在费根堡姆提出的体系中，建立质量管理体系是质量管理的关键工作。具有非常重要的意义，是一个较新颖的解释。费根堡姆的体系在国际上得到了广泛传播，并在各国的实施中得到了快速发展。1994年版的ISO9000标准中提到，全面质量管理是：要求组织以质量发展为根本，以全员参与管理为基本任务，为了让顾客和组织成员及社会收获较大的益处，同时举办各方面的活动，以此达到持久成功的管理路径。

在当今世界，各行各业都已应用全面质量管理，教育培训业纷纷学习全面质量管理的思想。首先是要以人为本，加强宣传素质教育，提倡一种教育理念——从始至终教育。要求员工了解公司发展方向，保障工作效率和质量，以此来提高员工素质教育，以及确保公司所生产产品的品质。其次是系统管理，详细探究与质量有关的各种活动，全面了解、综合分析相关活动，以达到全部优化的目的，并且从总体定位和质量出发，用最低成本产出用户最满意的产品，取得最好的效益。再次是使质量与效益统一发展，反对重量轻质、过度质量，其实质的最优搭配是以最低成本获得最优产品。最后是质量经营，在一切的生产活动中，各行各业都需要先考虑品质、质量。

全面质量管理的要点有：首先是全过程的质量管理。质量在许多相互联系的步骤中形成，每一步都会影响产品或服务的品质。所以质量管理不仅是要关注产品的产出过程，而且要多层次向外伸展，以便生产出最满意的产品。其次是全员

① 陈如东，徐风国，孟凡美，等．继续教育教学质量管控措施初探[J]．教育现代化，2017，4(41)：367-368．

参与的质量管理。每个阶段的工作质量会表现在产品或服务的质量上。并且产品或服务的质量会受到企业各个环节的质量、每个人工作质量的影响。

三、高校继续教育全面质量管理的因素

根据全面质量管理理论，质量管理是协调多方的人际关系，以全体员工的参与管理为基本任务，满足顾客、员工和社会的需求及效益。在高校继续教育教学中，影响教学质量的因素是多方面的，所以全面质量管理的内容也是多方面的。

（一）继续教育全面质量管理的内在因素

1. 高校继续教育之人

在高校继续教育教学中，参与者有很多，从下面6方面来进行讲述。

（1）组织领导，就是决策者，包括学校领导、学院领导等。一个组织的重心是领导者，承担着组织发展的使命、愿景的责任，决定着组织文化的发展方向，在继续教育的质量方面，扮演着领导的角色。同时组织素质形成的重要因素是领导者的个性气质。

（2）员工，就是学校的实施者，包括项目主管、班主任等。员工是组织的实施人，参与项目组织和运行等，并管理项目的过程；员工的认真工作直接影响到继续教育项目的品质，在继续教育的质量发展上有着积极作用。

（3）学生的成绩是继续教育质量的重要体现。优秀人才被要求发展继续教育的质量，所以教育出优秀的人才是高校继续教育的基本任务。并且继续教育质量的“活广告”是学生的声誉和成就。培训对象，就是继续教育的培训对象，包括党政管理干部、企业管理人员等人员。教育产品价值或质量的实现是教育产品与工业产品最大的不同点，这不仅和教育产品的内在因素有关，还和教育者自身因素有着密切关系。所以，继续教育的质量受学生成就和声誉等方面的影响。

（4）教师，就是继续教育项目的教师，包括专家学者，有着渊博学问的政府官员和充分经验的企业管理者。教师的教学水平依靠其文化素质，并且对继续教育的质量有着重要的作用，同时也是决定继续教育水平的内因。

（5）组织者继续教育质量的促进者是参与单位。参与单位的组织者，就是委托单位，一般指介于办学单位与学生之间的组织部门、人事部门等，用于办学

单位与学生之间交流联系，是能够让学生提出需求的一个平台，它提高了对办学单位的需求，提升了继续教育的质量。

（6）合作单位是继续教育质量管理的延伸。合作单位和办学单位不同，它是一个独立的外部组织，能够直接参与项目，起着支撑的作用，比如提供辅助工作，招生推广，如第三方教学实习基地。一个组织的发展总是受到自身力量的限制。最好的办法是引进社会力量或与同类机构合作，才能冲破限制。并且高校要处理好对外合作的关系，建立一个规范的制度，用来保障如何选择合作伙伴，以及选择怎样的合作方式。

2. 高校继续教育之物

质量管理的根本保证是人们在质量管理中的创造性和主观能动性。而事物，从哲学的角度来看是客观存在的，是质量管理的基础和载体。高校继续教育之物包括很多，以下是讲述继续教育之物的 6 个方面。

（1）教材。学习过程包括教师的授课过程和课后的预习复习。在有限的课上时间里，教师只能讲授重难点，所以预习和提前了解是很有必要的。所以，学生学习主要依靠的是教材。

（2）宣传册。在宣传过程中，为了得到认可，继续教育的质量需要有一定的特点。宣传册收集了继续教育的特点、特征，是一个很重要的媒介，为办学宣传正能量。

（3）质量手册、学生手册和员工手册是继续教育质量管理标准化的需要。在质量手册的内容里，介绍了继续教育中的所有质量风险点，并列出了实际的解决办法；学生手册提出了继续教育中学生的各种预防措施等；员工手册讲到继续教育中工作人员在办学中各步骤的经营方法。

（4）硬件设施。硬件设施是指教室、图书馆、宿舍等设施。它们可以满足学生的基本需求，刺激学生的学习乐趣，硬件设施为教师带来了很多教学方便，使教学内容更丰富多彩。

（5）校园环境。学校内年代悠久的建筑物和树木，是校园历史的传承与延续。也是向世界展示自己形象的途径。

（6）继续教育质量管理的源头是财务。继续教育不仅是高校主要教育之一，还是高校服务社会的主要渠道。但是，继续教育同时拥有教育属性和特定市场属性。在为社会服务时，首先要考虑社会的可持续发展，还要考虑财务问题。全面质量管理要求数量与效率的统一发展，所以对财务管理有了更高的要求。

3. 高校继续教育之事

高校继续教育对于继续教育的质量有着重要的影响。继续教育之事包括以下6个要点。

（1）继续教育的发展规划、政策与制度的制订和实施。作为一项有着指导意义的政策，继续教育发展规划决定了继续教育的发展方向，有着主导作用。能够顺利实施继续教育规划的保障是制订相关政策和符合要求的制度，对继续教育质量管理起到积极的作用。

（2）继续教育组织架构的设计。组织架构是在管控定位、管理模式等多种因素共同作用下，在组织内部调动资源、搭建流程、开展业务、落实管理的基本要素，是办学单位的流程运作、职能规划等最基本的依据。组织架构分为直线型、职能型等多种类型，是否适应发展规划的需要是考虑的关键。优化合理的组织架构作为继续教育质量管理的重要一部分能够形成科学的管理模式，加快发展规划的实现，调动各方积极性。

（3）继续教育运行机制的构建。继续教育过程中的主要机制是运行机制，是学校生存与发展的内在因素。它是最基本的标准，用来指导和限制办学单位决策以及人、财、物相关活动的开展。各因素之间息息相关、紧密联系。要落实学校各种任务目标，需要制定灵活、高效、相互联系的体系。

（4）继续教育办学过程的管理。项目运行过程管理的质量在项目质量方面，起着非常积极的作用，是全面质量管理最主要的组成部分。

（5）满意度的反馈。继续教育培训的质量直接表现在满意度上。满意度的反馈是我们发现质量问题、解决质量问题、改进质量问题的重要路径。依据调查对象的不同，满意度的反馈受学生满意度、员工满意度和社会满意度的影响。

（6）时事声音和特殊事件。如何解决负面新闻，如何在积极事件发生后最大化地发挥其影响，如何在一些事件中发出声音，对提高继续教育质量具有非常积极的作用。

（二）继续教育全面质量管理的外部因素

高校继续教育的人、物、事三个方面是继续教育全面质量管理的内在因素。基于社会的大学也会受到外部因素的影响。继续教育全面质量管理的外部因素，主要包括以下 3 个方面。

1. 法律法规是继续教育质量管理的底线

对高校继续教育方面，法律法规对其有着非常规范的作用，在学校教育中，能够依法调节，避免违法乱纪事件的发生；执法可以纠正一些偏离法律轨道的违法行为，可以使其回归到正常的法律轨道上，对继续教育具有重要的规范作用。所以，法律法规是继续教育质量管理的底线。

2. 评估机制是继续教育质量管理的有效工具

继续教育评估机制独立于学校的持续教育评估机制，能有效测试学校的教学质量，提出改善建议，以及促进持续提升教育素质。例如，德国成人教育研究所（DIE）和教育研究机构（ArtSet）研制了“面向学习者的继续教育质量测评模型（LQW），英国教育标准化办公室以《教育督导法案》为法律依据，制定了继续教育机构督导通用框架，等等。

3. 行业协会是继续教育质量管理的有效支撑

行业协会在管理方面有着自身特定的作用。根据行业协会的一些规定，能够给予企业规范市场行为、配置市场资源、维护企业共同经济利益的能力。行业协会能够帮助行业处理各种人际关系，可以降低企业的投入成本，提高工作效率。行业协会主要是维护会员权益，创建一个自由的企业合作范围，为会员单位提供一些专业服务，行业协会为会员单位提供信息咨询、协调纠纷等公共服务。作为行业的代表，参与行业规章制度的制定，行业协会制订的行业政策往往成为国家制订有关规章的依据。因此，在高校继续教育质量管理中，行业协会也是有效支撑。

第三节　高校继续教育教学质量管理体系的优化

在平常，质量管理体系包括制定质量方针、目标等种种活动。为了举办质量管理的相关活动，完成质量管理的发展目的，需要设立与其有关的管控体系，这常常被称为质量管理体系。从继续教育实际运行操作出发，在构建高校继续教育的质量管理体系时，必须包括继续教育所有过程、环节与步骤，重点建成完善的管理体系。

推动继续教育改革、发展最好的途径之一就是建立高校继续教育质量体系，并且能够整合继续教育的一些决定、目的，提高培养人才的质量水平，加快继续教育合理利用资源的速度，承担起为国家培养高级管理人才和稀缺专业人才的责任。

一、高校继续教育教学质量管理体系构建理论支撑

第一，目标质量管理（MBO）理论。目标管理是以目标为导向，对质量进行衡量和评价的管理方法。目标管理，就是利用系统化的方法，把许多关键的管理活动集中起来，引导他们并实现组织和个人的目标。通过在组织内部设立目标，促进组织成员在自己的努力下实现设定的目标。目标管理地引入，将对高校继续教育质量管理起到一定的推动作用，使高校在正确的目标引领下，不断完善继续教育手段，提高教育效能。

第二，全面质量管理（TQM）理论。全面质量管理最初应用于经济部门，是指工业生产中，质量管理涉及设计、研发等整个过程。目前，很多国家的高等教育质量管理已经开始适应这种管理模式，全面质量管理是以学校的教育质量为重点，树立起“教育产出”的理念，以最少成本获得最多的产出，为了实现质量管理目标并调动员工的工作积极性。

第三，基于国际标准的过程质量管理理论。IS09000 和 ISO2000 是国际通用的质量管理标准体系。教育在 ISO9000 中被归纳为第 37 类，主要包括教育管理机构的建立，对领导作用、教育管理的系统方法、常规教育手段、教育评价等方面的每个过程进行详尽的控制，从而不断总结教育活动中的不足，及时改进过程质量管理体系。1991 年 5 月，英国的斯坦威尔学院首次将 ISO9000 引入教育质量管理体系认证中（英国 BS5750 质量标准）。过程质量管理强调教育活动中，把受教育者作为顾客，把教育作为学校为受教育者提供的“产品”，用于满足受教育者的教育需求。把教育的每个“过程”细化为不同的服务环节，不同环节间自成

体系又相互联系，形成完善的质量管理体系。

二、高校继续教育教学质量管理体系的构建措施

（一）树立以人为本的目标质量管理理念

高校继续教育要遵循“以人为本”的理念，改善现有岗位责任质量管理体系，使其体现出高校的人文关怀。从学生的角度看，高校要坚持终身学习、全面发展的继续教育指导思想，改革以“学分”为唯标尺的简单教育质量评价方式，将总体目标——促进学生的全面发展落实到每个部门、每个教师，在实现总目标过程中每个部门要清楚应承担的责任，来努力实现这一目标。另外，从教师的角度看，只要将外在目标变为内在目标，内在目标就能够转化为个体的动力，起到较好的激励效果。高校在管理中要体现出对教育的人文关怀，尊重教师的主观能动性；仔细划分各部门的目标，提高教师对继续教育事业的热情，能够努力工作，加快高校的继续教育发展。例如，部分高校的继续教育学院每年都与各部门签订《教育质量管理目标责任状》，在《教育质量管理目标责任状》中，不但有教师的德、能、勤、绩等教学相关的内容，还有教师的福利、奖金、进修培训等奖励内容，将目标管理作为继续教育学院“内涵发展、特色发展、人才强校、和谐发展”战略的重要组成部分。

（二）进行以教育产出为主线的全面管理

（1）高校要理顺管理关系，合理选择全面质量管理的载体形式。通过了解各部门间的关系，设置管理机构，有效落实岗位责任，加强各部门间的质量管理合力，提高教育质量，解决教育活动本身难以量化的问题。例如，可将传统的继续教育学院的教研室划分为教育教学研究室和学术研究室两个部门，进一步细化和明确各部门的职责，实现教学研究室与学术研究室两个部门的优势互补，使之更好地对教师的教育活动质量进行衡量。[①]

（2）实施质量管理的全员形式。每个高校需建立健全各项管理制度，并坚持执行下去，去除以往强制性分配工作岗位的做法，让教师自己选择工作岗位，

① 史仁民．论构建高校继续教育质量管理体系[J]．中国成人教育，2013，(4)：20-22．

找准自身的定位，可以调动教师工作的主观能动性，在工作中更好地发挥自己的优势，形成全员参加质量管理的良好氛围。

（3）实施全面质量管理的全程形式。去除每一个管理的“死角”，需要抓好教育每一个步骤，实现每个步骤的无缝衔接，建立沟通与反馈机制，了解各教育环节中存在的问题，及时改正。使继续教育的人才培养模式更加科学，较好地提高了教育质量。

（三）实施以产品服务为核心的过程管理

高校将继续教育活动作为一种产品进行推广，实施以产品服务为核心的过程管理，在市场化的竞争中赢得生存。

（1）从顾客的需要出发，详细了解继续教育的教育项目研发过程。高校在开办继续教育前，要对市场进行深入调查，掌握顾客的教育需求，依据国家的经济政策，积极融入市场。在充分调查研究基础上进行继续教育的课程设计，确保继续教育的培训项目拥有明确的目标群体，课程的安排要由浅入深、多元化设计，以符合不同顾客的需要，走专业化之路，使顾客能够循序渐进地掌握知识，满足自己的学习需求。

（2）以品牌策划为手段，管理好招生过程。高校要打好宣传牌与做好品牌包装。灵活实施“个性化”招生，在宣传中，让受教育者了解从高校的继续教育中能够收获什么，免费进行职业测试、职业生涯指导等活动，整个招生过程要体现人本主义精神，顺应市场竞争的趋势。

（3）以多元化评价为主要手段，严格教学过程管理。高校的继续教育项目从实施开始，就要全面了解教学活动。去除传统的教研室听课、评定课程质量的方式，将受教育者纳入教学过程的评价中，收集多方面的反馈，及时认识并解决问题。将受教育者的满意度作为衡量教学质量的重要组成，对提供的继续教育产品和服务内容的相关性、与教育目标的匹配程度、学习需求的针对性、培训内容是否能够紧跟时代步伐、培训内容的实用性进行全面评价。也可以将教学质量评价业务外包出去，由“第三方”教学评价机构去做，增强教育质量评价的客观性。

（4）以“人力资本投资”为基本理念，做好师资队伍质量过程管理。高校继续教育质量受师资力量的影响，所以要实施初任职培训、学期常规例行培训、专项培训等教师进修制度。在政策和经济上对在职攻读博士、硕士学位和进行学术理论研究的教师给予支持。设立类似于“教师发展中心”的专门面向专职教师的继续教育部门，对教师的进修给予组织指导，全面提高教师的教育教学水平。也可在校内实施“导师制”，鼓励老教师对年轻教师进行“传帮带”，建立“教授论坛”或“专业论坛”，引领年轻教师尽快入门。

三、高校继续教育教学质量管理体系的优化策略

（一）加强继续教育的教学管理

提高继续教育质量的保证是创建师资队伍，高校需加大投入继续教育师资的培训资源，是否拥有一支高质量的师资队伍，是保障继续教育质量的重点所在。所以，要整体强化继续教育教师队伍的考核，提高继续教育的师资队伍素质，采用竞争机制，进行多方面的培训，提高教学水平质量；从学历教育与继续教育相结合构建终身教育体系的观念出发，重点培养继续教育的师资力量，加快培育一支继续教育教师骨干队伍，并且加大选聘优秀兼职教师的力度，以专职教师为主，二者相互结合，努力建设一支政治坚定，业务精良，技艺高超，作风过硬的高素质继续教育教师队伍，为提升高校继续教育整体水平奠定坚实基础。

提高继续教育教学质量的核心内容是继续教育教学过程管理。规范教学步骤，实现常规检查与专项检查、定期检查与随机抽查、学校检查与继续教育学院自查、专家检查与管理人员检查、领导检查与教师互查的有机结合，需要高校建立一套继续教育教学管理规章制度。保障继续教育质量的主要因素之一是课程设置质量。高校继续教育应根据在职工作人员的需要、职业岗位的人才规格、人才素质要求来设置课程，制订教学大纲，理论以“必需、够用”为度，强化教学的实践性，缩短教学理论与实践的距离，加快知识和智力要素向现实生产力的转化，并在科学的管理下开展新型的继续教育课程，提供丰富又符合现实的教学内容，以及灵活多样的继续教育项目，为行业生产发展服务。具体操作上，高等学校可在广泛收集培训对象相关信息的基础上，确定培养方案、教学内容、课程设置，充分体现高校继续教育的特色，形成自己的优势，以特色和优势吸引合作者，吸引更多优秀的求学者前来接受培训。

（二）创造良好继续教育学习环境

高校继续教育受学习者的工作单位、学校以及其他各方面的影响，会导致各个部门间产生关系。如果部门之间缺少交流，通常会导致学习者失去教育的机会。在职人员要符合新的人事制度改革要求，要有新的思想，新的解决问题的方式，让其认识到学习的重要性，其调动了他们继续学习的兴趣；另外，在职人员兼顾工作与学习，如过大的工作量或工作与学习时间发生冲突，都会很难有时间再参加培训。因此，各个部门间需要协调了解，建立社会性学习保障机制。

（三）建立继续教育科学评估体系

学校领导对教学质量目标要及时调整、作出决定，教师的教学质量水平的评估需要有客观的信息作为依据。并且，教师努力的方向和奋斗的具体目标可以依据质量评估的目标、指标体系及其标准，充分激发教师的主动性。根据质量评估保证教学质量水平，重点建设继续教育，并且建立有效的监控机制，才能使继续教育工作健康有序地发展下去，成为新型复合型人才诞生的摇床，为我国经济发展服务。评估小组的成员可以由教育主管部门负责人、学校有关专家、继续教育学院负责人、社会或企事业用人单位负责人和有关专家组成。对培养方案、课程设置、教学内容、教学手段，以及任课教师的教学方法、教学效果等进行全面评价。评价继续教育成败的关键就要看人才培养的质量是否达到了所要求的水平。继续教育质量标准就是既满足社会发展的要求、为社会服务，又要满足教育本身的内在规律，同时，通过继续教育能够使受教育者最大限度地实现自身的价值。[①]

（四）建设校外教学点质量闭环控制系统

建立规范化、制度化的继续教育体系，这是对主办高校的要求，其改变工作方式的机制，不断加速推动继续教育教学管理质量。各单位应配备专人负责继续教育与培训工作，按照“需求调研—计划确定—组织实施—评估反馈—总结提高”的闭环管理流程，科学高效地实施学历继续教育与培训工作。[②]研究设计以省统考、校统（抽）考、现场督导（听课、考勤等）等为主要过程的教学点质量闭环

① 韦雁仙．论高校继续教育质量管理的优化[J]．继续教育，2008（7）：15-16．

② 韩炎照．成人高等教育教学质量保障体系探讨[J]．湖北大学成人教育学院学报，2005（4）：27-30．

控制体系，由有着丰富成人教学经验的专家教授组成督导组，承担继续教育教学质量的督导和评估等内容。依据一些问卷表，比如“教学质量效果评价”“满意度调查”，对毕业论文（设计）管理、导师指导及查重制度等方法进行辅助工作。设定相应的规章制度，来要求有关职能部门必须严格实施学校规定的相关制度，比如授课时数、教师选派、教材使用、课堂教学、实践环节、考试管理、成绩记载、档案管理等方面，积极维护、维持校园和校外教学站点的办学希望。

（五）升级基于师资和学生为主体的过程管控系统

教育过程中主要的环节就是师资和学生。所以，最重要的是强化师资力量，加强学生的教育培养，提升以师资和学生为重点的过程管控系统。在师资上，根据学历继续教育人才培养的相关方案，对有关课程的学年、学期、自学课时、面授课时、教学方式、课程属性等做出具体规范和标准，在师资数据库中，除了确保教师的数量，还要保证质量，积极选出与条件相符合，能够适应学生发展的师资，[①] 促进高校与校外教学点在共享师资资源与管理监控等流程方面的对接，并制订课程教学计划，比如为其制定相应年级、相应班级、教材选择、教学时间、教学实践时间、考试（考核）时间等课程计划。此外，制造一些机会，让任课老师互相交流、学习，提升教学质量水平。在学生方面，强化对学生的学籍管理、课程考核与评定管理和思想政治教育，这是高校继续教育管理者的基本任务，刺激学生的参与兴趣，使其系统又高效率地处理事务管理。为继续教育学生供应特色化的教育，重点探究了解学生的一些需要。[②] 严格考核和评价标准，落实以校统（抽）考的督导措施，使考核内容的实际性及广泛性得到体现，并重点加强对学生能力的培育。

（六）打造多元化教学改进与数字化资源保障平台

要进一步归并优质教学资源和新技术教学方法，改善有关制度体系和操作手法，通过建设线上远程教学、管理平台来开展教学模式并创新管理模式，落实提

① 徐风国，单正丰，李洁．重塑继续教育师资团队的关键与对策[J]. 中国成人教育，2012（24）：122-124.

② 徐风国，钱贻隽，沙丹．市场视角下高校成人教育管理探析[J]. 中国成人教育，2014（5）：24-27.

高管理质量发展的措施，保障高等学历继续教育的高速发展。高校应当根据高等学历继续教育教学的标准和要求，利用现代教育技术，努力打造各个环节数字化运行及管理模式，[①] 开展有特色的继续教育与培训，塑造多元化的教学场景，最大化利用资源，扩大覆盖面。另外，不断开展大数据应用和数字化教育教学，主办高校还应加快共建、共享与开放的教育教学资源，搭建大数据资源保障平台，根据整理归类现有的教育资源，将比较分散的教学资源充分地利用起来，陆续提高高校继续教育教学管控系统。

对教育行政主管部门提出要求，推动管控、规范体系的发展，从管理方面来看，吸收、研究高校的一些经验，改善和建成学历继续教育的质量监管和保障体制，探索制定并落实相应的管理手段，能够推动高等学历继续教育的健康可持续快速发展，为其提供一些成功经验。

第四节　高校继续教育教学质量管理的对策研究

高校继续教育质量管理方面存在着各种各样的难题，为了解决这些问题，必须加速提升高校继续教育全面质量管理水平，从以下方面着手。

一、高校继续教育之人的管理对策

（一）领导层明确继续教育的定位

继续教育在学校发展过程中的起着重要的作用，领导层必须清楚这一点，决不能轻视，学校有三大教育职能，其中就包括继续教育这一方面，同时还是高校为社会做贡献的重要路径。这是继续教育实施全面质量管理的一个基本要点。

（二）加强员工队伍专业化建设

员工能否根据项目管理的标准来开展负责任的作业，与员工团队的专业化有着密切的联系，这对继续教育项目的质量发展有着深远的影响。能够固定日期对

① 徐风国，单正丰．高校远程教学联盟平台及课程资源共享建设探索——以南京农业大学继续教育学院为例[J]. 中国农业教育，2012（6）：39-42.

不同雇员进行专门培训。

（三）加强对校友的组织与管理

继续教育校友是在事业上有所成就的人，为答谢学校的培育之恩，向学校捐款，为了加快高校继续教育事业的发展，这些捐款起到了一个积极的作用。所以，要重点培育校友。

（四）加强校内师资的挖掘、培育和管理

师资是高校的核心竞争力。师资潜能需要高校充分挖掘，通过对教师的分门别类，让教师能够以为社会做贡献的形式进入继续教育教学。同时，将学校教师评价体系引进继续教育，加强宣传的力度。必须重视教师在继续教育方面的教学质量水平，研究符合继续教育的教学手段。另外，通过对教师的培训，有计划、有组织地培养教师，从而加强教师自身的教学实力、核心能力和竞争力。同时，适应“学术无界限、讲台有纪律”的原则，强化对教师的规范制度管理。

（五）强化参训单位组织者在质量管理中的作用

参训单位的组织者是学校与学生之间沟通的桥梁，对于学生的需要，学校已经得到确认。学校可以通过协议或互访的方式，在招生和效果评估方面明确学生的资格，从而改善学生的出入学条件。

（六）加强合作单位的准入和管理

第三方是不被学校直接管理的合作单位，是一个比较有风险的要点。可依靠制定一些规章制度，来表明合作的具体准则。合作伙伴的进入需经行政部门或工作领导小组统一。行政主管部门负责或归档合同的签订工作。明确工作职责、合作范围，学校主体不得转移。

二、高校继续教育之物的管理对策

（一）加强教材、项目的研发，整合同质化项目

学校的核心竞争力之一是教材、教学项目的研究开发。在教材、项目的研究和开发方面，高校可以为其提供帮助。如果竞争同类课题，抄袭他人课题，采取

先劝后罚的措施，积极抵制同质化竞争，研究新客体的开发。

（二）加强继续教育正能量的宣传

加大宣传继续教育的正能量，可以采取多样的形式，如网站展示、宣传册制作等，来完成传播、扩大影响的目标。

（三）推进继续教育质量管理标准化建设

继续教育质量标准化建设作为继续教育全面质量管理的基础。标准化构建可以将烦琐的内容细分为简单的步骤，并为每个步骤的完成设置具体的要求。最基础的质量标准化有质量手册、学生手册等。

（四）加大投入，提升硬件设施

通过申请经费，例如办学经费、办学剩余经费等方式，加大对教室、图书馆、学习室、体育馆、食堂、宿舍等硬件设施的投入成本，提高基础设施水平，来满足学生的需要，为学校塑造一个良好的形象。

（五）合理利用校园环境

为了不影响校园内师生正常工作学习，一方面可以分批低密度进入校园，避免交通拥堵等造成校园内师生的不便；另一方面，强化宣传正能量教育的力度，慢慢改善校内师生对继续教育的反对或抵制，彻底解决校园环境的共享等问题。

（六）规范财务管理

在财务管理方面，在学校中心利益与学校学科发展上，正确处理二者之间的关系，还有学校主营收入与项目研发投入之间关系，规范解决教师报酬的合理合法性。

三、高校继续教育之事的管理对策

（一）制定继续教育发展战略，构建继续教育制度

从教育定位、管理体制等方面进行研究考虑，建设继续教育的平台，制定学校未来教育发展战略，加快继续教育的质量发展。根据建成继续教育体系，确保

继续教育发展目标的顺利施行，加速继续教育由烦琐向细化的发展。

（二）深化管理体制改革，优化组织架构

继续教育事业在连续不断地发展，继续教育机构的管理体制必须进行改革。研究建立继续教育和集中管理制度，建立地方、行业和企业的继续教育和服务机制。在学校方面，建立继续教育管理办公室，专门承担学校继续教育的行政管理工作。将继续教育学院转为专门从事继续教育的学校，让职业学院的继续教育中心担任学院继续教育的管理和运作这一工作内容。强化学校二级管理规范化，建设较完善的办学系统和办学体制，成立一个教育办学模式和职业院校相互分工、互惠互利的办学模式。

（三）探索继续教育办学实体内部企业化管理运作模式

根据最高层次的制度，严格划分各部门的工作内容，将权力分散开来，保障基层有自己说话的权利。依靠企业模式组织来管理学校，顺应市场发展的相应规律，优化资源配置，实行独立管理和独立核算，实现合理的效率提升。

（四）明确继续教育学院和专业学院的办学定位

综合性持续进修学校包括继续教育学院，按照学科内容的需求，职业院校举办了专业继续教育培训活动。对公共行政学院干部培训和继续教育学院干部培训等提供了一些相互学习的方法。从学校的角度出发，建立创业学院等公共平台，结合学校各单位的优点，积极参加社会项目的比赛竞争，形成学校品牌效应。

（五）注重继续教育办学过程的管理

继续教育质量管理的重点是教学管理。项目的成败与教学管理的质量息息相关。严格遵循国家、高校和院校的内部规则、程序和流程，监督教学过程，这是教学必须组织和实施的，还要提高教学水平和服务质量。除了学习，还要为学生提供吃饭与住宿的地方，因此，后勤保障对于提高继续教育的整体质量起着重要作用。组织应有效组织和管理设备、图书馆资料、安全设施、住宿环境、饮食环境等，来保障继续教育和其他学习。此外，高校继续教育的行政和财务管理非常重要，连续规范管理，可以提供质量保证。

（六）加强沟通反馈机制的建设

发现质量问题和解决质量问题最重要的就是拥有一个特别通畅的交流反馈机制。比如设计意见箱或者投诉电话，及时了解学生情况，发现问题，并加以解决处理。还能通过微博等社交软件进行满意度反馈调查问卷，获得最新信息，认识问题，并加速发展。

第六章　高校继续教育在“互联网 +”背景下的改革发展

在构建继续教育体系的过程中，“互联网 +”成了重要的切入点，为继续教育发展注入了新的活力。近年来，党和国家采取了一系列重要举措，勇于推动产业发展水平加速提升，构筑起经济社会发展的新优势和新动能。在继续教育体系的构建过程中，网络教育与现代远程教育发挥着不可替代的作用。本章分为“互联网 +”概念的由来与内涵、“互联网 +”为继续教育发展带来的机遇与挑战、MOOC 为继续教育发展带来的新变革、“互联网 +”背景下继续教育体系的构建四部分。

第一节　“互联网 +”概念的由来与内涵

一、“互联网 +”概念的提出

早在 2012 年，国内易观国际的董事长于扬就提出了“互联网 +”的理念，他是“互联网 +”的最初提出者，而腾讯的马化腾则是“互联网 +”的积极倡导者和强力推动者。在十二届全国人大第三次会议上，马化腾提出了与经济社会创新相关的意见和看法，重点强调了“互联网 +”教育理念在经济和社会发展中的重要价值和作用。他认为，“互联网 +”就是通过合理地使用互联网平台和信息通信技术，推动互联网和各个行业的有效结合，从而在新领域创造一种新生态。

2014 年 11 月，首届世界互联网大会指出，作为人类最伟大的发明，互联网使得人类世界的空间轴、时间轴和思想维度都发生了一定程度的变化。接入互联网的 20 多年来，中国逐渐步入了世界互联网大国的行列，促成了网络和信息市场的培育，创造了许多的新技术和新产品。互联网是大众创业、万众创新的新工具，也是政府施政的新平台。互联网突破既是科技革命，又是保障公平的社会变革。同时，在此次政府工作报告中，一个重要的主题就是“大众创业、万众创新”，这被称作中国经济提质增效升级的“新引擎”，由此也可见互联网作为新工具，对推动经济社会发展的重要作用。《国务院关于积极推进“互联网 +”行动的指导意见》（以下简称《指导意见》）于 2015 年 7 月正式出台，提出了行动的总体要求、发展目标和基本原则，并明确了 11 项重点行动。《指导意见》将教育与医疗、健康、养老、旅游、社会保障等新兴服务并列，提出了“互联网 + 益民服务”的行动思路。①

二、“互联网 +”的技术发展背景

（一）移动互联网

移动互联网是“互联网 +”的前提与基础。一方面，正是由于移动互联网的迅猛发展以及智能手机的快速普及，互联网用户的数量才得以快速增长，奠定了“互联网 +”的用户基础；另一方面，相较于传统互联网，移动互联网在技术上有了更多的创新，结合智能手机所内置的传感器、蓝牙、GPS 等功能，奠定了“互联网 +”的技术基础。此外，移动互联网下的使用场景和商业模式越来越多，这为“互联网 +”奠定了相应的市场基础。

（二）大数据

“互联网 +”的发展，离不开大数据的支持与推动。大数据是“互联网 +”的核心驱动力之一，大数据地应用与推广能够推动传统行业的创新，为“互联网 +”地推广与普及奠定数据基础。大数据是数据的集合，其主要特征是容量大、类型多、存取速度快、应用价值高，同时它也是新一代的信息技术和服务业态。在这种业态中，对大规模、多来源、异构数据的收集、存储和分析，可以推动新知识的发现和新价值的创造，提升新的能力。

① 中华人民共和国国务院．国务院关于积极推进“互联网 +”行动的指导意见[N]. 经济日报，2015-07-05(005).

（三）物联网

物联网是物物相连的互联网，是现代通信技术融合发展的产物，是信息革命深化的一个重要方向，是“互联网 +”的重要基础和实践领域。互联网是物联网的核心，物联网以互联网为基础，是对互联网应用的拓展，将互联网的触角延伸到物品与物品之间并建立信息交流的通道。物联网并不是一种全新的信息技术，而是融合计算机、互联网、现代通信、智能硬件、传感器、人工智能等新一代信息技术的高度集成和综合应用。

（四）云计算

马化腾曾在题为“云上生态的新探索”的演讲中指出，“互联网 +”基础设施的第一要素就是云，云不仅是数据中心，还包含着“互联网 +”、信息能源的发展趋势。不管是传统企业还是新生代企业，都在对互联网和云计算有更加深入的接触。[①] 马化腾提到的“云”，指的就是云计算。云计算是一种通过互联网以自助、可扩展、按照使用量付费的方式获取所需 IT 资源和服务的模式。云计算的特点主要有五个：成本低、效率高、便捷、安全、虚拟化。

三、“互联网 +”概念的内涵

《指导意见》对“互联网 +”这一概念作出了如下解析：“‘互联网 +’是把互联网的创新成果与经济社会各领域深度融合，推动技术进步、效率提升和组织变革，推进实体经济的创新力和生产力不断提升，从而形成广泛的经济社会发展新形态，而其基础设施和创新要素是互联网。”[②] 强调了“互联网 +”与经济社会发展的紧密联系。

究其源头，“互联网 +”是互联网思维的进一步实践成果，它代表一种先进的生产力，其推动经济形态和社会经济实体不断发展，此外，它还提供广阔的网络平台以推动社会经济各领域的改革和创新。

通俗来讲，所谓的“互联网 +”就是“互联网 + 各个传统行业”，但是这并

①51CTO. 腾讯马化腾：云上生态的新探索[EB/OL]. (2016-07-07) [2023-03-18].http：//www.ciotimes.com/cloud/116507.html.

② 中华人民共和国国务院．国务院关于积极推进“互联网 +”行动的指导意见[N]. 经济日报，2015-07-05 (005) .

不代表“互联网＋”就是二者的简单相加，从本质上看，它是让互联网与传统行业在合理利用信息通信技术和互联网平台的基础上结合起来，进而形成新的经济发展生态。

尽管各方对“互联网＋”定义的表述不同，但对其内含地理解却是大同小异。他们既都强调互联网在经济社会发展中的基础性地位，也都重视互联网与传统行业的融合创新。只不过各方的侧重点不同，马化腾重视互联网的连接属性，雷军则突出了互联网思维，阿里研究院重视互联网对经济社会的动态渗透，官方更关注互联网对实体经济的影响与促进。

“互联网＋”代表一种新的社会形态，使在社会资源配置中的互联网的优化和集成作用得到充分发挥，实现互联网的创新成果和经济、社会各领域的深度融合，推动全社会创新力和生产力的提升，进而形成更广泛的经济发展新形态，而其基础设施和实现工具则是互联网。近年来，“互联网＋”已经对多个行业产生了影响，其中包括大众所熟知的在线旅游、电子商务、在线影视等。在对“互联网＋”进行解读时，一定要把握以下基本规则。

（1）要摆脱“互联网＋”工具论的观念。“互联网＋”不仅仅是一种工具，我们不能简单地从功利主义出发去考量个人取舍，要把它当作一种创新要素、一种社会经济新形态去对待，要主动拥抱“互联网＋”。它就是我们的生存环境，就是我们的生活方式，与我们每个人都休戚相关，是我们生命中不可分割的一部分。

（2）要把握住“互联网＋”的品质。尽管“互联网＋”没有固定的应用模式和普遍适用的路径，但我们仍然可以把握住“互联网＋”独特的品质，那就是“跨界”“连接”“融合”和“创新”。传统的产业、传统的政务、传统的公共服务均囿于自己的一亩三分地，“互联网＋”就是要突破传统，与互联网进行连接并深度融合，从而实现创新，增强新的经济发展动力，有效提升服务能力和水平，促进国民经济、公共治理、公共服务、生态环境等的提质增效。

（3）要把握住“互联网＋”动态性、协同性、系统性的特征。跨界、连接、融合就意味着有各种可能性和不确定性。这种不确定性意味着机遇，也意味着要面临各种风险。因此，要时刻牢记“互联网＋”是动态的，而不是一成不变的；“互联网＋”是一种创新要素、生态要素，生态要素具有很强的协同性和系统性，切忌孤立地看待“互联网＋”。“互联网＋”已经不是一个字面上的概念，它代表着一种未来全新的生活方式和生产方式，将深刻地影响社会经济发展的模式和社会结构。各种行业和产业，都将面临革命性的再造。

四、“互联网 +”概念的特征

（一）跨界融合

这里所说的“+”就是跨界、变革、开放，也是重塑融合。只有勇于跨界，才能获得更加坚实的创新基础；只有实现融合协同，才能得到更加垂直地从研发到产业化的路径，推动群体智能的发展。从本质上讲，融合也指代了客户消费向投资的转化，身份的融合，等等。互联网向传统行业的成功跨界成就了众多经典的产品和知名的公司。例如，互联网向零售行业的跨界成就了淘宝、天猫、京东等一众网络电商和以顺丰、三通一达为代表的整个快递行业；互联网向通信行业的跨界成就了腾讯的 QQ 和微信；互联网向教育行业的跨界成就了以中国大学 MOOC、学堂在线为代表的 MOOC 平台，以得到、分答、知乎为代表的知识付费平台；互联网向餐饮行业的跨界成就了以美团、饿了么为代表的团购、外卖平台；如此等等。

（二）创新驱动

过去，我国往往采用粗放的资源驱动型增长方式，而这与当前的社会经济发展状况不相适应，因此，转变经济发展方式是必然的，正确的做法就是推行创新驱动发展。这就体现出了互联网的特质，合理利用互联网思维，推动经济发展和改革，充分发挥出创新的力量。

（三）重塑结构

如今，信息革命、全球化和互联网业不断发展，使得原有的社会结构、经济结构、地缘结构和文化结构被打破，进而导致权力、议事规则和话语权出现了变化。互联网 + 社会治理、虚拟社会治理，会带来极大的影响。

（四）尊重人性

人性的光辉是一切事物发展和进步的根本动力，可以推动科技和社会进步、经济增长和文化繁荣，可以说，最大限度地尊重人性、敬畏人的体验、重视人的创造性是互联网强大力量的根本来源。UGC、卷入式营销、分享经济是比较典型的尊重人性的例子。

（五）开放生态

生态作为“互联网 +”的重要特征之一，其本身就具有开放性。在推动互联网发展的过程中，要坚持化解以前制约创新的环节，连接孤岛式创新，推动由人性决定的市场驱动地研发，促使创业者的价值得以实现。

（六）连接一切

连接具有层次性，而可连接性往往是有所差别的，其价值相差很大，但是“互联网 +”的目标就是连接一切。互联网及智能设备的发展不仅降低了连接的成本，而且创造了更多的连接场景，连接的泛化催生出更多的产品、服务和商业模式。基于“互联网 +”的连接可以分为以下五种类型：人与信息资源之间的连接，人与人的之间连接，人与地理位置的连接，人与设备的连接，设备与设备的连接。

第二节 “互联网 +”为继续教育发展带来的机遇与挑战

一、“互联网 +”为继续教育带来的发展机遇

“互联网 +”为继续教育带来的很可能是新教育生态的重建。在传统的继续教育模式中，一位教师、一间教室和一所继续教育实体机构就是其全部内容。而现在，一张网、一个移动终端，大量的学生、学校、教师任你挑选，将成为未来继续教育的发展模式，即“互联网 + 继续教育”。“互联网 +”使得继续教育逐步摆脱封闭、走向开放，权威对知识的垄断也随之被打破，在这样的情况下，每个人都能够创造、共享、获取和使用知识。在开放的大背景下，逐渐形成了全球性的知识库，这使优质的继续教育资源得到了丰富和充实，相关资源与互联网紧密相连，大大提高了获取知识的效率，降低了获取成本，人们可以更加便捷地获取相应的学习资源，这有利于终身学习的学习型社会的建设和发展。

“互联网 +”的发展使得师生之间的界限愈加模糊。在传统的教学模式下，

知识的权威来源是教师和教材，而知识的接受者是学生，课堂控制权掌握在拥有知识量优势的教师手里。可在“互联网＋”时代，学习者获取知识已变得非常快捷，面向多层次人群的开放课程，这使得学习者可以在家学习和上课。在“互联网＋继续教育”的模式中，一切教学活动的开展都离不开互联网。

在“互联网＋”的冲击下，继续教育组织和非继续教育组织、育人单位和用人单位不再泾渭分明，而是慢慢结合，共同推动继续教育的进步和发展。“互联网＋继续教育”不仅会影响创业者，而且可以提供一些就业机会，推动就业问题的解决。

“互联网＋”对继续教育产生了十分重要的影响，这在教育资源的重新配置和整合上有所体现。互联网可以使优质教育资源的作用和价值得到充分发挥，使跨越区域、行业、时间的合作研究得以开展，提升研究水平。

“互联网＋”可提高继续教育的自我进化能力。传统的继续教育与社会发展不相适应，难以培养出满足社会发展需求的高素质人才。而“互联网＋”可以使继续教育系统克服自身的封闭性，形成新型的继续教育生态，推动继续教育发展。

此外，随着“互联网＋”的发展，出现了“互联网＋信息素养教育”的创新路径，这也为继续教育提供了很好的发展机遇。具体内容如下。

1．确立新目标，即三位一体的教育目标

信息素养教育目标的重塑主要是适应“互联网＋”时代对人才的要求。在“互联网＋”时代，社会对人才的能力和素养需求发生了变化，以检索技能为主要培养目标的传统信息素养教育目标已经不能适应“互联网＋”时代的要求，信息素养教育的目标需要重新定义。

为适应“互联网＋”时代对人才综合能力和素养的需要，三位一体培养目标是信息素养教育培养目标调整的重要方向。在这个目标框架下，信息素养教育总目标是提升学生的信息素养，包括三个具体目标：一是强化基于信息解决问题的意识，使问题的解决更有效率；二是强化解决问题过程中的探究精神，在主动的探索中解决问题；三是强化解决问题过程中的知识重构，培养终身学习能力。总体目标与具体目标三位一体相辅相成、和谐统一。具体而言，就是在遇到问题的时候，首先想到而且能够做到基于信息通过主动探究来解决所遇到的问题，提升解决问题的效率和质量，并且能够把基于信息解决问题的意识、探究的过程和结果融入自身的知识体系和能力体系，实现知识与能力的重构，在解决问题的过程中进行终身学习。

2. 增加新内容，即以终身学习为导向调整教育内容

概括来讲，主要涉及以下 3 个方面。

（1）不仅要检索，而且要获取与下载。这个部分对应的是信息素养中的信息获取能力，在传统的信息素养教育中较少涉及。这部分内容涉及两个方面：一是下载方法，主要包括文本、图片、视频等信息资源的非常规合法下载方法以及相关下载工具的高级用法；二是获取信息技巧，如图书馆资源的合法远程使用、向作者索要原文的套路、网络求助获取文献、文献传递等内容。

（2）增加信息评价内容。这个部分主要涉及三个方面：一是对信息真伪的判断与鉴别，如谣言、诈骗、刷单等信息的真实性判断；二是对信息资源质量优劣的评价，如对图书、论文等资源的评价；三是基于信息评价其他内容，如对公司、大学、医院、食品、药品、人、学术的评价。

（3）增加个人知识管理内容。这一部分主要体现信息素养中的信息管理能力，主要介绍比较实用的个人信息管理工具与在线服务。

3. 采用新技术，即利用“互联网 +”的创新成果

“互联网 + 教育”是近年来教育改革与创新的重要方向和趋势，“互联网 +”的诸多创新成果被引入教育领域，对传统的教育方式和教育模式产生了很大的影响，同时也为信息素养教育的创新提供了参考与借鉴。“互联网 +”的创新成果与信息素养教育的结合有很多形式和途径，主要体现在以下两个方面。

（1）利用互联网平台建设信息素养教育资源。教育资源的建设是信息素养教育的重要基础，无论是自己开发，还是对资源的整合，利用成熟的平台系统进行信息素养教育资源的建设不仅可以保证建设的质量，而且可以大幅度地降低资源建设的成本，提升建设的效率。在信息资源建设方面，可能的场景包括利用中国大学 MOOC、学堂在线等 MOOC 平台建设自己的信息素养教育 MOOC；利用爱奇艺、优酷、网易云课堂、百度传课、腾讯课堂等视频平台建立信息素养教育微视频库；利用百度脑图等在线思维导图工具组织信息素养教育的核心知识点；利用一起写、石墨等网络协作软件撰写信息素养教育相关文本内容。在信息素养教育资源整合方面，同样可以利用现有的平台，如通过微信公众号、微博等社交

工具对互联网上的信息素养教育相关资源进行整合和推广，而且可以在整合的过程中进行二次创作，加入自己的理解和内容；通过大成编客等学术聚合工具整合信息素养教育学术文献；通过 weavi 等非线性文本工具整合零散的网络资源。

（2）利用互联网工具提升信息素养教育效果。在信息素养教育的过程中，特别是在信息素养教育课堂内外，互联网工具往往能发挥重要的功能。QQ 群、微信群之类的社交工具可以建立教师和学生、学生与学生之间的在线联系，很多问题可以通过这些平台进行交流和分享，在交流和分享中实现信息素养的提升。云盘等网络存储工具会方便信息素养教育资源尤其是视频等大文件的存储和分享，结合社交工具可以加快资源的传播。雨课堂等课堂互动工具有利于促进师生之间的实时互动，增加学生的参与兴趣，提升课堂教学的效果。问卷星等网络问卷调查工具不仅可以通过网络问卷辅助教学，而且可以利用其在线考试功能进行信息素养教育的教学评价。

二、“互联网 +”为继续教育带来的转型挑战

对于继续教育的生态圈，互联网为其带来了诸多的发展机遇，但在其强烈的冲击下，继续教育也不可避免地面临着种种挑战。具体而言，这些挑战在以下四个方面有所体现。

（一）育人功能面临弱化危机

继续教育具有育人功能，这一功能在开放教育生态中面临着被弱化的危险。在传统的教育模式中，教师般采用面授的教学方式，在传授知识的过程中，教育工作者会将育人工作融入其中，给予学习者多层面的熏陶感染。但是，当前正处于互联网时代，在此背景下的继续教育更多的是完成知识和信息层面的交互。因此，继续教育的育人功能面临弱化危机。

（二）影响学习者智力发展

在网络上，学习者可以轻而易举地搜寻到自己想要的学习资源，这使得他们慢慢养成了凡事一“搜”了事的不良习惯，严重影响其智力发展和对知识地加工。长时间使用各类互联网设备辅助学习，对学习者身体健康的影响也不言而喻。在互联网时代，学习者可以更加方便快捷地进行学习，但是他们与学习伙伴却日渐

疏远，运用多种感官去接触世界的机会也会越来越少。

（三）学习者学习专注度和深度下降

知识的碎片化让学习者专注度下降，学习深度下降。互联网的发展以及普遍存在的知识分享和信息传播使得人们学习的门槛大大降低，同时也使得人们的学习更加便利，学习者可以随时随地学习自己感兴趣的知识，增加了学习的广度。但是，由于学习的时间和内容严重碎片化，学习者往往养成获取信息时不加思考的坏习惯，难以建立起不同知识之间的关联，同时也很难做到将零散的知识点整合加工成有意义的知识网络。这使得学习者的学习深度难以保证。

（四）学习者学习能力面临挑战

在纷繁复杂的知识和信息前，学习者的学习能力将会面临巨大的挑战。在传统的继续教育的模式下，学习者只需要学习相对固定且复杂度较低的知识，并且学习资源也是相对匮乏的，在这样的情况下，学习者在进行深入思考和反复练习时往往需要以那些固定要学的知识为核心。然而，在互联网时代，继续教育与各个行业的知识和信息不断融合与发展，知识的广度和复杂度也在不断增加，可用资源在日渐丰富的同时也变得更加鱼龙混杂。这对于那些缺乏学习能力和信息处理能力的学习者而言，无疑是一个巨大的挑战。

第三节　MOOC 为继续教育发展带来的新变革

一、MOOC（慕课）的兴起与发展

2008 年，加拿大爱德华王子岛大学的戴夫·科米尔和国家人文教育技术应用研究院的布莱恩·亚历山大联合提出了 MOOC 这一术语，这是 MOOC 作为一个术语首次被提出，他们用 MOOC 这个短语来描述加拿大学者乔治·西门子和史蒂芬·唐斯的“联通主义和联通主义知识”课程。这门课程被公认为全球首门 MOOC 课程。

在这之后，美国成为 MOOC 发展的领头羊和推动者。由美国学者创办的

Udacity、Courser 和 edX 三个平台，目前是美国也是全球最具影响力、最主流的三个大规模在线开放课程平台。2011 年，美国斯坦福大学率先开设了三门 MOOC 课程，每门课程都吸引了 10 万以上的学员参加。2012 年，由斯坦福大学教授斯蒂安．斯伦创办的 Udacity 平台诞生，成为第一个营利性的 MOOC 平台。斯坦福大学计算机教授吴恩达和达芙妮・科勒联合创办了 Courser 平台，它于 2012 年 3 月正式上线，也同样是营利性的 MOOC 平台。2011 年，美国麻省理工学院发起“MITx”，致力于为全世界的学习者开发免费的开放平台。2012 年秋，伴随哈佛大学的加盟，二者联手创办的非营利性 MOOC 平台——edX 正式上线。

近几年，亚洲国家也积极加入美国的 MOOC 平台。印度理工学院孟买分校于 2013 年加入 edX 平台，希望借此机会开发下一代在线课程和混合学习课程，拓展学习资源范围。新加坡国立大学加入 Courser 平台，从 2014 年开始提供三门在线课程。南阳理工大学加入平台，并提供两门课程。越来越多的亚洲国家在 MOOC 领域中积极行动起来。目前国内的 MOOC 平台中，最常用的有五个，分别是“学堂在线”“中国大学 MOOC”“好大学在线”“智慧树”“超星慕课”。

二、MOOC（慕课）的概述

（一）MOOC（慕课）的概念

MOOC 是 Massively Open Online Courses 的首字母缩写，“M”代表大规模，与只有几十个或几百个学生的传统课程相比，MOOC 课程是截然不同的，因为参与该课程的学生最少的时候有几万人，而最多的时候有十几万人；第二个字母“O”代表开放，任何国家的学生都能够以兴趣为导向参与该类课程的学习，而要想进行注册参与，只需要一个邮箱即可；第三个字母“O”代表在线，在网上就可以完成学习，摆脱了时间和空间的限制；第四个字母“C”代表课程，因此，MOOC 的中文含义就是大规模网络开放在线课程，音译为“慕课”。伴随网络发展的不断提速，MOOC 作为网络教育发展的一个新形式，其定义一直在不断更新。

（二）MOOC（慕课）的特点

1. 大规模

大规模是 MOOC 的第一个主要表征，意味着该课程不同于传统的课堂教学，在学习人数上没有限制，可以多达几万甚至几十万人。以前，从来没有出现没有人数限制的课堂，可以说 MOOC 的本质特征就是大规模。

2. 开放性

开放性是 MOOC 的主要特征之一，强调资源在一定范围内的共享性。从第一节 MOOC 开始至今，世界各地的学习者都可以通过特定的网络平台获取免费的课程资源。资源共享是现代社会和现代教育的根本特征，随着终身教育思想的出现，计算机和互联网的结合所产生的网络教育成为实现人们终身学习的主渠道。开放性成为 MOOC 发展壮大的一个重要驱动力，意味着所有学习者只要拥有互联网上网条件，就能够享受到优质教育资源，打破了传统学习者需要拥有学籍才能够进行学习的局限，学习者能够在开放的环境中进行自主学习。

3. 低成本

传统教学中，学习者需要花费更多的时间与金钱等成本，才能够得到优质的教育机会。而 MOOC 的产生和发展，使得学习者只要拥有互联网和电子设备，即可在任意时间、任意地点进行在线学习，享受免费教学资源，这大大降低了学习者获取资源的各项成本。

4. 个性化

基于 MOOC，学习者在选择学习内容时可以以自身的喜好和需求为依据。由于每个学习者的心理活动、已有知识及学习能力均有较大的个体差异，导致学习的进程、学习效果的反馈等都有所不同。MOOC 能够满足学习者多元化、多层次、不同进度的需求，是满足不同主体对学习需求最高效、最便捷的教育方式。

5. 交互性

交互性是使 MOOC 从传统的网络教育、远程教育中脱颖而出的重要特征。MOOC 课堂模式使师生关系因为可以自由选择而变得更加开放，教师由主导者变为课堂的协调员。学习者可以通过更多样的交互手段与方法参与到课程学习与建设中来，转变了传统单一的接受者角色。学生之间的互动交流，可以使课程从原有的内容扩展到更大范围的知识体系中去。交互性还原了传统的课堂交流模式，并带来了更方便、更灵活的交互体验，实现了学习的即时反馈，推动学生参与的积极性和思维能力不断提升，促使学生的学习效果得到了有效的提高。

6. 短小趣味

MOOC 讲授内容的主要呈现形式是短视频，并且融入了游戏化内嵌式检测，这种模式不仅使学习者的视听接收需求得到了满足，而且也遵循了认知和心理发展的规律，可以推动学习效果不断提高。对上述内容进行分析，可以发现 MOOC 的特征体现出的意义和价值如下。①“多”，即慕课平台注册人数之多，且在慕课平台注册的学习者不受专业、学校、国界、年龄的限制，可以跨专业、跨学校、跨国界、跨年龄。②“省”没有门槛，面向各类学习者。其主要指的是慕课学习空间和学习资源的开放。即只要学习者在 MOOC 平台注册成功，就可以摆脱时空的限制，在进行 MOOC 课程学习时可以自由地选择时间和地点。③“快”，即通过利用 MOOC 平台提供的相关学习资源进行自主在线学习，是学习者获得信息的主要途径，而短小精悍的教学短视频是最主要的学习资源。④“好”，即 MOOC 平台上的在线学习资源都是有着完整的知识点与知识体系的课程。

（三）MOOC 的学习流程

MOOC 的学习流程如图 6-3-1 所示。

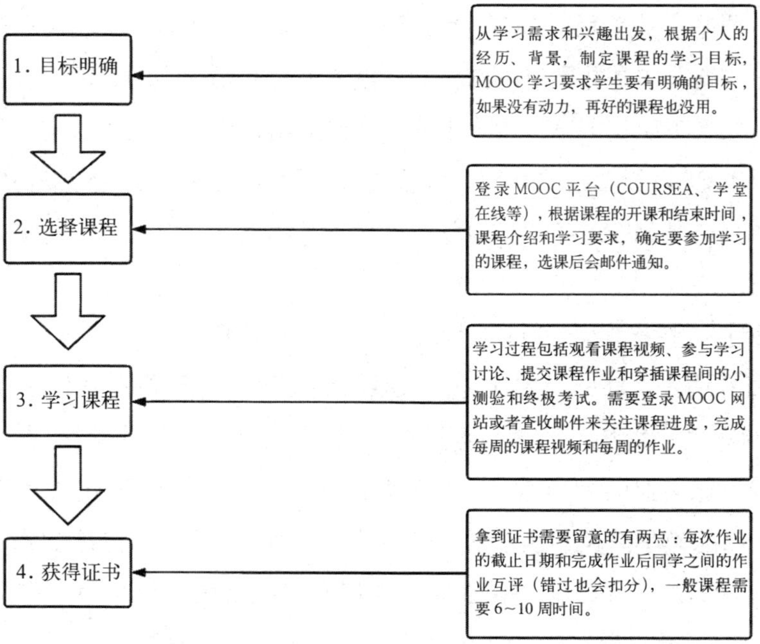

图 6-3-1　MOOC 的学习流程

（四）对 MOOC（慕课）的常见认识误区

1. 费事论

部分教师认为推行 MOOC 教学改变了教师习以为常的教学方式，增加了教师的工作量，内心对 MOOC 相当抵触。这部分教师的心态主要源于两个方面的因素：一是认为对于教师开展 MOOC 教学增加的工作量校方应该予以经济补偿；二是对 MOOC 教学的工作量投入存在误解，从短期来看，教师刚进行 MOOC 教学时需要投入的时间和精力与传统教学相比可能会成倍地增加，但在经过一轮或一个学期的教学后，混合式教学的模式基本建立，教学模式已经可以稳定运行，这时教师的工作量会大幅下降，直到降到比传统教学工作量还低的水平线。所以从长远来看，MOOC 教学是能够帮助教师大幅提高教学效率的，至于教师要求的经济待遇问题，则需要校方从多个方面考虑并予以解决，总体而言应该既有鼓励措施，又有倒逼措施，只有多管齐下才有可能妥善解决教师的诉求。

2. 省事论

部分教师对 MOOC 持非常乐观的态度，原因是他们认为 MOOC 可以极大地减少教师的教学工作量，可以腾出大量的时间去做一些“自己的事情”。这种想法的实质是认为采用 MOOC 教学后，教师可以不再讲课，甚至可以不再关注教学工作，这其实是非常值得商榷的，或者说是非常危险的。因为教师的天职就是教学，如果不能长期坚持这一主业，最终的结果仍然是被边缘化，所以省事论看似是对 MOOC 持支持的态度，实质还是一种替代论，如果坚持这种观点的话，最终还是要走向 MOOC 的对立面。

3. 无关论

与以上一些态度鲜明的观点相比，更多的教师其实对 MOOC 并没有太多的认识和看法，这部分教师作为“沉默的大多数”几乎没有意识去了解和思考 MOOC 的意义和影响，更多的是抱有一种“以不变应万变”的心态，在教学中继续延续自己习惯的教学方式。作为 MOOC 教学改革而言，能够让更多教师理解并融入新的教学模式才是教改工作的重点，因此各个学校应该加强对广大教师的宣传普及力度，并结合本校实际尽快出台一些鼓励支持政策，吸引这部分对 MOOC 缺乏了解的教师去认识 MOOC、理解 MOOC、运用 MOOC，从而让教学改革全面铺开并健康发展。

三、MOOC（慕课）引发的教育变革

（一）MOOC 将大力推动学习型社会的发展

MOOC 将极大地推动学习型社会的发展，使终身学习发展为随时随地的优质学习，在学习内容、时空、方式、渠道等方面全面促进教育公平。edX 总裁阿加瓦尔称，MOOC 地出现与推广将成为“人类教育史上的首次革命”。

1.MOOC 将使优质教育资源趋向扁平化

目前，几大 MOOC 平台均直接或间接地由美国顶尖研究性大学创建，其合作伙伴多为各国优秀高等学府。这打破了多年以来，不同国家、地区，不同学校之间存在的教育资源壁垒与鸿沟。通过 MOOC，优质教育资源不再是少数精英才能够享受的专利，而逐渐成为人人都可以享受的公共资源，这无疑将不及大地促进教育公平。在提供优质资源的同时，MOOC 还将选择权交给学生，学生可自主学习，不再局限于某学校的有限课程。学生可以定义自己的学习需求，从众多的 MOOC 资源中选择适合自身需求的课程、教师、授课方式、评估方式等，并能够通过认证。这是对教育民主的全面推进。

2.MOOC 将打破教育的时空界限

MOOC 的特征决定了它能够在空间和时间两个维度上大幅扩大学习活动的范围。不同国家、不同种族、不同背景、不同职业、不同层次的学生，无论是否为在校学生，都能够选修全球最优质的课程。特别是对于身处偏远地区、教育资源条件落后或是身心残疾、有学习障碍的学生等群体，MOOC 能够使他们依据自身的实际情况选择适合自己的学习方式。对于某些专业性强、课程时间长、难度较大的学科，MOOC 也能够发挥更好的作用。同时，“MOOC 使终身学习”真正成为可能。应用 MOOC 平台，所有年龄段的学生，从中小学生、在职人员到退休老人，都能够根据自己的需求和条件，在网络上进行自主学习。对目前已有的各类职业培训机构、继续教育机构、老年大学、社区学院等而言。MOOC 的存在是一种补充，甚至是替代。通常情况下，MOOC 的课程时间在十分钟左右，且完全可以由学生自己掌控学习进度，充分调动了学生对于碎片化时间的利用，使学习不再需要花费大量时间和金钱成本，而成为随时都可以进行的日常活动。

3.MOOC 将推动自主学习共同体的构建

MOOC 带来的优质学习体验，在课程资源本身及其可以提供的学习体验上有所体现，并且这一学习体验更加符合学生的学习规律，可以带来更为显著的学习效果。

第一，MOOC 可以激发学生的学习主动性、积极性及学习兴趣，并使其处于教学活动的中心。还可以通过挖掘、分析和研究学习过程中的大数据，了解学生的学习行为、学习习惯、学习状态，及时对学生的学习效果进行评估和改进，推动个性化学习的实现及学习效率的提高。

第二，MOOC 重视学习共同体的构建以及协作学习和互动学习的实现。来自不同地方、拥有不同背景的学生能够在同一课程讨论平台上就所有问题展开自由讨论，参与知识的分享与共建，相互启迪并提供帮助，让所有学生共处于一个学习社群中，推动学习共同体的构建。

（二）MOOC 将推动高等教育体系的重构

首先，高等教育体系将向顶尖大学聚拢。长远来看，MOOC 的推广可能会促使各国的高等教育体系结构发生变化。拥有教师资源、学校声誉、技术支持等优势的顶尖大学将会成为各国 MOOC 事业的中坚力量。它们在保持自己原有的教育地位的同时也会对其他高等院校的教育内容、资源配置以及教学的各个方面产生影响。因而，MOOC 时代，各国高等教育体系有可能呈现出整体向顶尖大学聚拢的趋势。这种趋势的到来，将对高等教育质量的提升带来新的动力，但也可能对非顶尖院校带来冲击。有学者认为，MOOC 的推广意味着顶尖大学精英教育的推广，将全面促进高等教育体系的重构。另一种观点认为，少数院校与教授将会对高等教育进行垄断，这会给其他院校的发展以及学术研究、知识生产等带来影响。

其次，世界高等教育体系间的竞争将更加激烈。与 MOOC 对各国高等教育结构造成的影响相似，在全世界范围内，MOOC 可能引发优质教育资源向顶尖的教育强国集中。与传统基于物质的国际化不同，在 MOOC 时代，国际竞争的主导力量将是信息技术，并且这一竞争开展的主要地点是网络平台。因此，各国必须要对教育的发展方向进行及时准确的把握，推动最新支持技术的研发，始终追赶教育方面的新动向，随时保持世界前列的位置。

（三）MOOC 将创造新的教育商业模式

MOOC 低成本的教育方式受到瞩目和追捧，与其兴起时所处的社会背景有关。20 世纪末，教育成本的居高不下给美国等国家带来了巨大的压力。许多学生和家庭为了应对成本上升的问题，其所需承担的份额越来越高，这使得许多学生失去了接受高等教育的机会。而高成本在大学内部，也对学术研究、人才培养的质量产生了不利影响。即使是在政府全力扶持的基础教育领域，优质的教育资源也甚是稀缺，引来家长们的争相抢购，导致成本价格急剧上升。

在这种情况下，MOOC 的推行有利于成本问题的解决，享用 MOOC 资源，个人需支付的费用以及社会需承担的成本都是很低的。因此，在财政的巨大压力下，MOOC 凭借其“物美价廉”的特质，吸引了政府的大力推广。美国加州甚至通过立法确保 MOOC 这种新的教学方式的传播和应用。

基于此，人们普遍相信，MOOC 这种教学方式将为教育领域提供新的商机。前清华大学校长陈吉宁指出，MOOC 有较好的发展前景，虽然该前景具有一定的不确定性，但从实际情况来看，具有逐利性的风险投资，正在大规模涌向在线教育，都想在这一领域抢滩布局。一场新的互联网投资和创业竞赛刚刚开始，虽然在线教育的商业模式还在探索之中，但有可能孕育出新的伟大互联网企业。

目前，对于国际几大 MOOC 平台而言，它们不断探索和研究可持续的商业发展模式以及潜在的盈利方式。例如，提供付费认证证书是 Courser 已实施的一种盈利方式。学生在平台上学，其中有许多的免费课程，但只有付费之后才能得到相关大学的官方认证。再如，职业介绍服务与企业培训。MOOC 平台探索与企业的合作方式，有些企业是有招聘需求的，而有些学生则是在 MOOC 平台上学习并且符合企业要求，在这种情况下，MOOC 平台可以将二者联系起来。通过此类平台，企业可以寻找到适合本公司的学生信息，但也需要支付一定的信息服务费。Audacity 平台从 2012 年 10 月开始实施就业计划，并帮助一些软件工程师找到了工作；通过平台筛选出课程表现优异且符合要求的学生，将他们的简历提供给雇主。可以让企业员工在企业内部进行与平台上相关课程的学习，并获得认证，以此作为企业内部的培训，未来还将根据企业的实际需求提供一些定制的课程服务。此外，还有很多种盈利方式需要进行深入的探索和实践验证，如个人辅导、监考考试、高校合作费用等。同时，MOOC 平台还可以借助庞大的网络点击率对广告商的加盟产生一定的吸引力，通过发布广告的方式来获取利润；或者推动相关附属产品的开发和出售，把收费的大数据分析提供给相应的企业或研究机构，等等。

总体来说，MOOC 平台存在着巨大的盈利可能，但平台的发展尚处于探索阶段。随着各类新平台不断地创建和发展，网络课程市场的竞争变得愈加紧张和激烈，对于那些率先探索出可持续的商业运作模式的平台而言，它们往往能够占得先机，走在发展的前端。

（四）MOOC 将为继续教育带来全方位的变革

MOOC 的兴起为继续教育的发展指出了一条新的道路，虽然作为一种新的形式，能否彻底颠覆传统的继续教育模式尚未可知，但它势必对传统继续教育的教学模式、教师、教育质量、学习者带来全方位的变革。

1. 对继续教育教学模式的影响

MOOC 作为在线教育的模式，教学不再需要面对面开展，由以教师为中心的教学模式转变为以学生为中心，整个学习的过程主要是学生在虚拟环境中开展非正式的学习。

首先，将带来教育对象的拓展。MOOC 的开放性，使其可以轻易地完成将传统课程实在短时间内的大范围推广，推动了教育对象范围的扩展，进而实现“终身教育”和“大众教育”，让更多人意识到为了推动自我提升、适应社会发展的需要，终身教育和继续教育是十分必要的，而 MOOC 为这两种教育提供了相应的平台和工具。从时空上看，人们通过 MOOC 学习将拥有更长的学习年限，实现了学校教育的延续，使得一部分业余学习者的需求得到了满足，推动了在职群体知识的更新。从地域上看，MOOC 打破了空间上的壁垒，让资源缺乏的地区也能享受到继续教育资源。

其次，将带来教学内容的丰富。课堂制作方的精心设计是 MOOC 课程教学内容的主要来源。教学内容不再受单独某所学校的限制，学生也可以基于自身的实际情况和兴趣进行教学内容的选择。教学内容不仅呈现总量上的增进，而且能够得到及时更新，与时代契合度非常高，这是传统的继续教育所不能比拟的。同时，教学内容在交互过程中会得到扩充，变得更加丰富。

最后，将带来教学环境的改变。MOOC 教学受到科技发展的影响，创建了虚拟的教学场景以供学生进行学习。在 MOOC 学习中，教师在前期并不了解学生的基本情况，一般都采用阶段性的进阶课程，逐渐深入，等等。由此可见。对于 MOOC 的整个教学系统而言，其主要特征有开放性和虚拟性。

2. 对继续教育教师的影响

MOOC 使教与学分处于不同的时空内，师生间可以实现平等的交流，这意味着传统的面对面交流方式被打破，进一步体现了民主性与平等性。这也使得教师需要重新构建自身的角色，努力与 MOOC 时代开放、多元的特点相适应。

第一，教师成为以学生为中心的教学活动的组织者与协调者。传统的继续教育中，教师与学生之间往往只存在单向的沟通路径和极少数的反馈，难以形成良性的双向沟通。对于学生而言，与处于 MOOC 平台的教师不再是传统的单向关系，他们会更多地对学生进行协助、引导，帮助学生进行自我知识体系的重新构建，共同建立基于知识体系的流动系统。

第二，MOOC 学习者具有更高的自我约束能力和学习效率，并通过自主选择进行继续教育。因此，能够开设 MOOC 课程的教师，需要具有深厚的专业背景知识，可以引导学生对专业领域的知识进行系统地掌握，推动学生对该领域认识的提升。

第三，在 MOOC 课程中，教师要进行多项工作，其中包括课程维护、参与互动讨论等，促使其产生更为多样的角色形象，需要经过专业训练而成为网络教育教学的设计者、组织者、引导者与创新者，同时担当指导员、咨询员、辅导员、协调员、监督员等多种角色。

3. 对继续教育教学质量的影响

MOOC 课程对大众教育质量提升的进程产生了重要的推动作用。虽然目前 MOOC 教育还不具备较高的社会认知度和认可度，且缺乏完整的体系和标准，但随着它获得的评价不断提高、认可度也在不断提升，MOOC 对继续教育质量的提升将越来越受到重视。一方面，MOOC 能够提升继续教育的参与率，使更多的人加入终身学习当中；另一方面，MOOC 能够加速欠发达地区教育的发展进程，缩小教育的贫富差距。

4. 对接受继续教育的学习者的影响

MOOC 不会限制学习者的数量，这也是开放性、大规模课堂的首要特点。MOOC 课程应用于继续教育，能够吸引一大部分在职人员和继续教育者的参与。这部分人对新生事物的接受能力和学习能力较强，在职人员对自身的学习需求和学习目标也有较为明确的规划。因此 MOOC 对于在职提升来说是一个非常有效的途径。

四、MOOC（慕课）在我国的发展

我国的 MOOC 建设已经起步，并取得了一定的成就。近年来，与国际 MOOC 平台的合作逐渐增加。清华大学、香港大学和香港科技大学正式加盟 edX，成为首批亚洲高校成员。清华大学依托 edX 平台资源，推出“学堂在线”平台，面向全球提供在线课程。当前“学堂在线”结合国际化的平台和本土化课程，已成为最大的中文 MOOC 平台。

同时，台湾大学也加入 Courser 平台，并推出全球首批中文 MOOC 课程——“秦始皇”和“概率”。台大相关负责人指出，台湾大学制作 MOOC 课程放在 Courser 平台具有三个重大意义。一是近十年来，台湾大学的教育改革取得长足进展，已经具备了向世界输出优质教学资源的能力和条件，这是台湾大学教学发展的重要里程碑。二是改变华人世界对台湾大学的刻板认知。通过这个契机，利用 MOOC 平台与学生直接接触，向华人世界展示台湾大学的优质教学特色和实力。三是在 MOOC 起始阶段占领先机。早上线、留好口碑，才能获得更多学术的诠释权，而不至于跟随大流，被边缘化。

上海交通大学和复旦大学成为加盟 Courser 的首批中国内地高校，利用该平台，不仅为中文学习者提供了在线学习机会，更传播了中国的优秀文化和教育资源，推进基于 MOOC 的教育教学改革，提升教学质量。

北京大学同时加入 edX 平台和 Courser 平台，在两个平台上投放课程并利用国内学生方便访问的网易视频上传课程视频。随后，清华大学发起和组织大规模在线教育论坛，成为国内第一次以 MOOC 为主题的论坛。论坛吸引了国内外多家知名高等学府的专家和教师共同参与，拉开了中国 MOOC 发展和研究的序幕。

在国家的高度重视下，近年来，我国自主开发的大规模在线教育平台建设逐渐起步。上海交通大学等“C9”高校及多所“985”院校达成一致，在教育部的支持下，对如何建设中国MOOC这一问题进行深入的探讨，推动高水平在线课程平台的建设，使在线优质资源共享得以实现，推动中国高校教学模式改革，并探索“在线开放课程”资源向社会开放。海峡两岸的五所交通大学联合成立want育网平台，陆续推出多门课程，并致力于通过教学互动及学习评价等运行机制，最终为学习者提供课程获得证书，力争通过完整的在线教育模式，为其提供高品质的免费资源及终身教育；同时，与企业界合作，协助企业进行培训及遴选所需人才。除高校的尝试外，华东师范大学还组织国内部分中小学建立MOOC联盟，联合国内20余所著名高中、20余所知名初中和华东师大附小等20余所小学分别成立高中、初中和小学“C20”慕课联盟。除学界的积极行动外，国内各大网络运营商也纷纷抢占MOOC市场的制高点。网易公开课是国内最早加入国际开放课件联盟的在线教育产品。网易云课堂正式上线，为用户提供教学内容的生成、传播和消费服务。随后，网易公开课正式与Courser展开全面合作，一方面网易为Courser提供视频托管服务，另一方面由网易公开课专门开辟Courser官方中文学习社区。这一合作解决了国内用户无法读取境外视频资源的困境，同时帮助学习者消除了语言障碍，促进相互之间的协作与互动。知名视频网站优酷也尝试抢占MOOC的新市场份额，与Udacity达成官方合作，成为国内唯一的Audacity课程制作发布平台，汇集数十门课程以及近千集翻译成中文的Udacity最新在线视频，学生和网友可以在线观看、评论和互动交流。其他网络运营商，如新浪、淘宝等，也推出各自的教育频道，吸引在线学习者，纷纷介入MOOC市场。

总体来说，我国在MOOC市场的反应较为迅速，跟上了时代发展的潮流。然而目前，诸多MOOC的发展意向和发展计划还未能转化成真正的实质性行动，还需要政府、学校、网络公司等主体之间的共同思考与谋划。

第四节 “互联网 +”背景下继续教育体系的构建

一、发挥宏观政策的导向作用，加强整体规划

基于“互联网 +”的继续教育体系规划，应尽快出台相关的政策文件，推动指导思想的确立，促使信息资源整合不断加强，推进相关制度的贯彻落实，包括基于互联网的信息建设、应用、安全、保护等各个方面，建立督导、评价与奖励机制，将“互联网 +”建设工作纳入继续教育管理的目标与考核之中。

以“互联网 +”为基础的继续教育体系构建是一个涉及面极广的系统工程，对“互联网 +”的认识、理解和需求，各相关部门和单位是有差异的，因此，建立利益相关者的协作制度对于推进继续教育体系的构建十分重要。在体系构建中，应充分发挥宏观政策的导向作用，促进教育行政部门、学校、教育机构、社区、家庭、企业、社会组织等多方合作，使各利益方的资源优势和主动性得到充分发挥、利益诉求得到满足，进而实现合作共赢。

将体系建设与互联网应用相结合，推动继续教育网络应用环境的构建，注重以实用为导向，推行相应的应用方案，促使继续教育资源不足、学习者需求多样等问题得到有效解决，将“互联网 +”的理念融入体系构建的各个环节，促进信息技术与课程的深层次融合，借助互联网技术提高继续教育质量，切实提高继续教育教学与管理的效益，促进教育现代化。同时，鼓励社会力量和个人参与到继续教育活动中，加强实践创新，共同提升继续教育质量。

二、探索基于“互联网 +”的发展新模式

在继续教育体系的构建中，应改变以学校为单位孤立地进行“互联网 +”建设的局面，促使区域教育信息化整体、协同发展，推动服务联盟的建立以及“互联网 +”发展新模式的探索。通过继续教育系统内部的整合，突出多样化的学习需求，提供优质的教育服务，建立继续教育共同体。建立教育部门、学校、网络服务企业之间的协同规划和运行机制，完善责任与激励机制，同时，让学习者参与到整个教育活动当中。

“互联网 +”会对继续教育产生极大的影响，这在教育资源的重新配置和整合上有所体现。互联网突出了优质教育资源的价值，促使其利用率进一步提升，从而推动我国继续教育走向国际化。

近些年，我国不断推进 MOOC 建设，以顶尖高校为首的教育机构与国际 MOOC 平台的合作机会也在不断增加，这就意味着“互联网 +”时代的继续教育国际化的进程将会不断加快。对于这种趋势，继续教育体系的构建既要积极迎接国际化带来的开放、共享的优质资源效益，又要避免国际化对自身发展的冲击。“互联网 +”提高了继续教育的进化能力，这将对教育生产者的敏锐性和生产能力提出更高的挑战。因此，继续教育的提供者必须时刻准确地把握新的发展方向，了解学习者不断变化的学习诉求，研发最新的技术，积极调整发展模式，才能在“互联网 +”背景下的继续教育中保有一席之地。

三、建立学习支持和公共服务管理体系

只有具备了完善的硬件及软件环境条件，才能更好地完成基于“互联网 +”继续教育体系的构建。因此，在继续教育体系构建中，要充分考虑以网络学习为基础的基础设施、应用设备的建设；促使软件的开发与应用进一步得到加强，全面推进相关技能培训的开展，推动学习者的能力和信息素养不断提高，进而得到有效的学习成果。加强对网络学习的管理，成立由政府牵头的继续教育协调机构，建立以政府投入为主、社会力量捐助和受益者适当出资相结合的多渠道经费筹措机制。充分发挥有关专家、学者、科技人员、管理人员的作用，组成服务队伍，开展基于互联网的继续教育服务，不断提高终身教育的管理水平和服务水平。发挥区域教育网络的作用，更好地实现优质资源共享。

四、坚持线上教育与线下教育的结合

在线学习是互联网带给继续教育的一种学习形式，也是必然的发展趋势，但并不能完全取代传统的线下继续教育方式。要在继续教育体系的构建中，坚持线上教育与线下教育的有机结合，协调好相关的部门和团体，在区域内构建起开放共享、虚实结合的继续教育网络。为学习者全面接受终身教育创造良好条件，最大限度地为不同年龄、不同层次、不同需求的公民提供学习机会，满足人们多样

化的学习需求，创建“人人皆学、处处能学、时时可学”的学习型社会。

五、把握“大众创业，万众创新”带来的发展机遇

“大众创业，万众创新”作为我国经济提质增效升级的“新引擎”在继续教育发展中将发挥重要作用。

（一）把握新政策，鼓励社会力量参与继续教育

充分利用“大众创业，万众创新”带来的一系列新政，将更多的社会力量引入继续教育领域。“互联网 +”背景下的继续教育体系的构建，不应忽视社会力量参与的重要影响。当前，继续教育资源与机会同学习者的学习需求相比，普遍呈现供不应求的状态，社会力量地参与能够有效缓解继续教育资源的不足，进一步拓展继续教育市场，为学习者提供更多的受教育机会和选择空间。

（二）以需求引领参与主体开展继续教育创业创新活动

在更广阔的发展空间中，主管部门可放手让市场去选择和配置创新要素，让继续教育的组织者和参与者面向学习者的需求来开发新产品。继续教育机构应积极探索新创意、新产品、新技术，由原有的单纯提供继续教育产品向提供全方位、个性化、多样化的解决方案转型。

（三）在继续教育内容上，对全民的素质培养和创业教育需进一步加强

“大众创业，万众创新”的提出，将大大激发全民创业的热情，同时也将暴露我国在创业教育和国民素质培养上的不足，这将成为继续教育需求的新增长点，因此需加大力度发展面向创业者的继续教育。

六、案例：沈阳市数字化学习社区建设

（一）数字化学习社区建设的实践探索

1. 数字化终身学习平台建设

在推广市民学习方式的过程中，搭建相应的数字化终身学习公共服务平台是十分必要的，它是数字化学习的核心。沈阳广播电视大学（沈阳社区大学）率

先建立“沈阳终身学习网”。该学习网是在沈阳数字化学习港建设基础上成立的，其目标是成为一个集互动学习、课程搜索、学习评测、学习过程管理、移动学习于一体的面向沈阳市所有市民的学习平台。网站涵盖网站介绍、社区教育、网上老年大学、职场专修、课程、数字化图书馆、学员风采七大类栏目，整合并拥有海量的满足市民学习需求的微课程、三分屏课程、网络课程等各类优质资源。网站服务宗旨是便于市民参与、学习、体验、交流、积累、激励、评比、活动，使每一个市民都能在这里找到适合自己的教育服务。

2. 数字化学习资源建设

对于社区教育数字化学习而言，其学习资源主要包括数字文献资源、课件学习资源、视频学习资源、微课程、网络课程、慕课等现代化的数字化教学资源。建设内容主要包括：国家数字化资源中心沈阳分中心落户沈阳广播电视大学；国家开放大学数字化学习资源中心沈阳研发中心也在沈阳广播电视大学成立。社会公共教育资源适时整合、共享，从而把更加丰富的学习内容和更为广阔的学习空间提供给了相应的社区居民。

(1) 建设数字化学习资源库。目前，沈阳数字化学习资源库学习课程已达到 37740 节（学时）。从内容上进行划分，可以将其分为三大类，分别是学历教育类课程、技能培训类课程、休闲健康类课程。从学习形式上进行划分，可将其分为“三分屏”课件、视频课件、动画类课件、文本课件。在提供和选择不同的学习资源和学习方式时，要以市民不同层次的需求为依据进行选择。

(2) 建设全能型的教师队伍。教师队伍在学校推进战略转型和开放大学建设，以及在终身教育体系构建中起到决定性作用。沈阳广播电视大学拥有一支精湛、精练的教师队伍。通过系统培训和锻炼，所有专任教师能够掌握视频资源制作的基本技术，达到独立制作视频资源的能力要求，从而提升所有专任教师的业务水平。加强制度和机制建设，使教师制作视频学习资源工作常态化，同时建设好数字化学习资源研发基地，在基地建设中把所有专任教师打造成数字化学习资源制作的骨干。一支会讲课、会录课、会做课的掌握现代信息技术和现代远程教育理论的全能型教师队伍正在形成。

3. 数字化学习社区基地建设

为了促使学习资源发挥其应有的作用，在建立高效的学习平台和提供优质教育资源的基础上，完善“数字化社区学习中心”的功能，在街道选择一个社区，作为“终身学习示范基地”。示范基地的试点工作，使得数字化学习的认知度进一步得到提升，充分发挥数字化学习与传统学习模式形成的互补效应，促使数字化资源利用最大化得以实现。建设数字化社区学习中心既要标准化、规范化，又要考虑实际教学工作需要，关键在于学习的有组织性、可持续性、可视性、互动性、发展性等目标。

4. 数字化学习保障机制建设

（1）建立“终身学习服务中心”。沈阳市政府办公厅下发的 57 号文件《沈阳市关于推进社区教育发展的实施意见》明确指出，充分利用现代信息技术，推动具有地方特色的社区教育网站的建立，积极营造终身学习、自主学习的氛围。形成相应的服务区域，提供相应的场地和窗口，促使终身学习资源一站式服务得以实现，了解和掌握市民对学习的需求。

（2）落实经费，保障数字化学习社区建设的全面推进。在数字化学习社区的建设过程中，一个重要的前提就是资金保障。沈阳社区大学在数字化教学资源及平台建设中预算投入为 1 000 万元。沈阳市教育局、各区县教育行政部门也在社区学习中心的教学基础设施建设上给予很大的支持，以此来保证数字化学习社区建设的顺利进行。

（3）协调整合，推动数字化学习队伍的建设进一步加强。充分发挥社区大学教师队伍的龙头作用，通过对社区学院教师的培训和指导，使其尽快掌握数字化学习资源制作与应用的能力，并通过社区学院的教师对数字化学习中心配备的数字化学习专职辅导员进行专业指导。

（二）数字化学习社区建设的思考

1. 数字化学习平台建设的理性思考

在终身学习公共服务平台的建设过程中，其规模化的实现可以推动教育系统和社会效益的有机结合，也可以促进课程建设的有效实施。我们认为，要将重点放在“沈阳终身学习网”的建设上，以平台共建为导向，规划和整合终身学习的各个方面和环节，推进资源的共建和共享。因此，平台建设与资源应用是实现数字化学习社区建设的重中之重，是锻炼队伍，提升社区大学服务能力，扩大网络学习影响力的重要途径。

2. 加强数字化学习资源和社区学院的建设

（1）创新科学的终身教育观念

推进大社会、大教育观念的确立，推进科学化、现代化教育观念的确立，推进系统化、整合化终身教育观念的确立。

（2）创新各级社区学院的现代化建设

对于社区大学（学院）而言，要积极推动现代教育体制和现代服务机制的建立，促使组织和队伍建设进一步加强，推进管理体系的改善。

（3）加强数字化课程建设

对各类终身学习机构实行一体化的系统整合；整合学院的教育管理；整合学院的教育过程、教育方式及教育行为，实现一体化；整合社区学院的资源流、师资流与信息流，实现三位一体。有计划、分步骤地推广数字化学习，在逐步完善网络课程的基础上，积极地在各居民小区推广数字化学习。同时，着手开展首批十个“终身学习示范基地”的试点工作。在继续完善学习平台建设的同时，推动网络管理等问题的解决，为市民学习提供有效服务。

（4）借鉴国内外的先进经验

隶属于区域管理的社区学院要积极学习国内外终身教育的先进管理经验，推进新的理论知识的学习和教育观念的改善，做到与时俱进，促使可持续发展的动力不断增强。

参 考 文 献

[1] 许春霞 . 陕西高等学校继续教育发展研究 2020[M]. 西安：西北大学出版社，2021.

[2] 杨泉良，许占权 . 教师从业要求与继续教育 [M]. 武汉：武汉大学出版社，2017.

[3] 郭荔宁 . 成人教育学科建设的现代视阈 [M]. 长春：吉林大学出版社，2022.

[4] 李旭初 . 成人教育发展研究 [M]. 武汉：武汉大学出版社，2018.

[5] 高志敏 . 成人教育学科体系论 [M]. 上海：上海教育出版社，2017.

[6] 杨大圣 . 高校教师继续教育研究 [M]. 长沙：国防科技大学出版社，2008.

[7] 陈丽 . 中国高校继续教育发展报告：2020[M]. 北京：北京师范大学出版社，2021.

[8] 孙利宏 . 信息背景下高校继续教育研究 [M]. 长春：吉林教育出版社，2021.

[9] 邱立民 . 高校继续教育综论 [M]. 长春：吉林大学出版社，2019.

[10] 何桥，马启鹏，吕文娟 . 高校继续教育转型发展研究 [M]. 杭州：浙江大学出版社，2012.

[11] 李征 . 困境与对策：高等学历继续教育学习站点研究——基于对部分高校学习站点的调研 [J]. 继续教育研究，2020（6）：6-9.

[12] 陈如东，徐凤国，孟凡美，等 . 继续教育教学质量管控措施初探 [J]. 教育现代化，2017，4（41）：367-368.

[13] 温泉，李怡然，周卉，等 . 对我国成人高等教育本位的新思考 [J]. 河北工业大学学报（社会科学版），2017，9（4）：71-75.

[14] 张磊，王松明，梁恩胜 . 新形势下成人高等教育校外教学点的现状及对策 [J]. 亚太教育，2016（28）：70，68.

[15] 杨向卫 . 改革开放以来我国继续教育政策法规的发展历程与价值逻辑 [J]. 职业技术教育，2014，35（22）：63-67.

[16] 徐风国，钱贻隽，沙丹 . 市场视角下高校成人教育管理探析 [J]. 中国成人教育，2014（5）：24-27.

[17] 徐风国，单正丰，李洁 . 重塑继续教育师资团队的关键与对策 [J]. 中国成人教育，2012（24）：122-124.

[18] 李慧民，刘福平，刘喜琴，等 . 新形势下加强高等继续教育校外教学站点管理的探究 [J]. 西安建筑科技大学学报（社会科学版），2012，31（6）：86-91.

[19] 徐风国，单正丰 . 高校远程教学联盟平台及课程资源共享建设探索——以南京农业大学继续教育学院为例 [J]. 中国农业教育，2012（6）：39-42.

[20] 段建，王飞 . 论成人高等教育教学质量保障体系构建 [J]. 中国成人教育，2010（18）：11-12.

[21] 王晓瑜 . 当前我国继续教育发展问题研究 [D]. 济南：山东师范大学，2009.

[22] 邓丽容 . 农村初中教师继续教育现状研究 [D]. 长沙：湖南大学，2020.

[23] 胡恒 . 地方本科高校继续教育转型发展研究 [D]. 秦皇岛：河北科技师范学院，2018.

[24] 陈肖肖 . 供给侧改革视阈下高校继续教育发展路径研究 [D]. 南京：南京工业大学，2022.

[25] 武丽娜 . 生态学视域下高校继续教育人才培养研究 [D]. 太原：山西大学，2017.

[26] 吴志森 . 民办高校继续教育存在的问题及对策研究 [D]. 湘潭：湘潭大学，2016.

[27] 郭宏芳 . 高校与企业继续教育资源共享研究 [D]. 大连：大连理工大学，2016.

[28] 郭宪农 . 某高校继续教育学习平台的设计与实现 [D]. 成都：电子科技大学，2016.

[29] 李坚 . 地方综合性高校非学历继续教育合作办学模式研究 [D]. 西安：西北大学，2015.

[30] 马艳萍 . 中美高校成人非学历继续教育比较研究 [D]. 昆明：云南大学，2014.